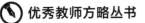
优秀教师方略丛书

U0570640

优秀教师
的批评艺术

Youxiu jiaoshi
Fanglüe congshu

张 敏　本书编写组◎编著

Youxiu
Jiaoshi de
Piping yishu

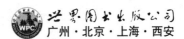
世界图书出版公司
广州·北京·上海·西安

图书在版编目（CIP）数据

优秀教师的批评艺术／《优秀教师的批评艺术》编
写组编．—广州：世界图书出版广东有限公司，2011.3（2024.2 重印）
ISBN 978－7－5100－3360－5

Ⅰ．①优… Ⅱ．①优… Ⅲ．①课堂教学－批评－教学
研究－中学 Ⅳ．①G632.421

中国版本图书馆 CIP 数据核字（2011）第 036077 号

书　　　名　优秀教师的批评艺术
　　　　　　YOU XIU JIAO SHI DE PI PING YI SHU
编　　　者　《优秀教师的批评艺术》编写组
责 任 编 辑　李欣鞠　王　红
装 帧 设 计　三棵树设计工作组
出 版 发 行　世界图书出版有限公司　世界图书出版广东有限公司
地　　　址　广州市海珠区新港西路大江冲 25 号
邮　　　编　510300
电　　　话　020-84452179
网　　　址　http://www.gdst.com.cn
邮　　　箱　wpc_gdst@163.com
经　　　销　新华书店
印　　　刷　唐山富达印务有限公司
开　　　本　787mm×1092mm　1/16
印　　　张　12
字　　　数　160 千字
版　　　次　2011 年 3 月第 1 版　2024 年 2 月第 3 次印刷
国 际 书 号　ISBN　978-7-5100-3360-5
定　　　价　59.80 元

"优秀教师方略" 丛书编委会

主 编

王利群　解放军装甲兵工程学院心理学教授
周作宇　北京师范大学教授、教育学部部长

编 委

马世晔　中华人民共和国教育部考试中心
李功毅　《中国教育报》副总编
王增昌　《中国教育报》高级编辑
殷小川　首都体育学院心理教研室教授
张彦杰　北京市教育考试院
魏　红　北京师范大学教务处
刘永明　北京师范大学继续教育与教师培训学院 副研究员
刘艳茹　北京市顺义区教育研究考试中心，中学高级教师
刘维良　北京教育学院教育学教授
杨树山　中国教师研修网执行总编
肖海雁　山西大同大学心理系主任，教授
张兴成　西南大学（原西南师范大学）副教授
南秀全　湖北黄冈特级教师
方　圆　北京光辉书苑教育研究中心研究员

序　言

　　优秀教师何以成为优秀教师，优秀教师的成长有无规律可循？这是一个值得思考和关注的问题。

　　"优秀教师"这个概念，它和我们平时常常提及的"骨干教师"、"名师"或是"特级教师"并不尽相同。后三个概念更多的是以某种标准加以衡量而赋予教师的某种荣誉，表征的是教师某个发展阶段的状态。"优秀教师"倾向于从动态变化的教师成长过程中来解读，它意味着一个漫长而艰辛的成长过程，一个离不开成长期的默默付出，历经高原期的苦闷徘徊，从而达致成熟期的随心所欲的成长过程。

　　我们应该把优秀教师看作是一个发展性的概念。作为一个教师，要在事业上获得成功，首先要有强烈的事业心和责任感，要有崇高的奉献精神，要有坚定不移的意志品质，要有持续发展的信念，要有永不满足、不断学习、不断进取的精神。从发展的角度看，所有的教师都可以成为优秀教师。

　　当然，成为一个优秀教师不仅要有自己的主观条件，还要有客观条件的保证，从立志做优秀教师到成为优秀教师不是必然规律。优秀教师能及时抓住时代发展的机遇，并使机遇成为成长的契机。机遇对成功很重要，但教师的成功不是靠被动地等待，而是认真踏实地工作，通过"量"的积累，在及时把握机遇中达到"质"的飞跃，获得成功。

　　为使主客观条件达到最佳的组合，从而获得成功，今天的优秀教师，应该改变传统的"春蚕到死丝方尽，蜡炬成灰泪始干"的被动的、悲凉的形象，树立一种新的优秀教师成长观，即关注自身精神生命的成长，使得优秀教师的成长不再仅仅是为了一纸文凭或是生存技能的提高，而是为了自我的充实与完善，为了个体的幸福与愉悦，为了更有意义的生活。为这样的目的而努力的人，即称优秀。惟有如此，优秀教师才有可能真正地唤醒自己，同时也唤醒他所接触的人，才有可能创造自己更为美好、更有意义的生活，同时也创造他人更为幸福的生活。

我们应该相信，优秀教师的成长主要不是依靠天赋，而是后天的因素；后天因素对教师成长的影响程度依次为个人的努力、教学互动、专家引领、师傅指导、同伴互助和领导支持。

在成长过程中，尽管每个优秀教师的成长经历都不相同，具有浓厚的个性色彩。但是透过表层的个性因素，仍然可以从中概括出某些共同的要素，说明优秀教师的成长还是有规律可循的，能够提出优秀教师培养的方式方法的。

根据对优秀教师成长规律的总结，我们编写了这套"优秀教师方略"丛书，其特点是强调教师学习与培训的针对性、适用性和可接受性，期望能在教师艰辛的成长过程中助一臂之力，让他们少走一些弯路，减少个人摸索的无效劳动；让更多的教师通过不断的学习、反思、超越，成为"优秀教师"。

目 录

引　言

　　批评是教育教学中的一种很重要的手段。作为一名教师，谁也回避不了非要对学生进行批评教育的时候，因为每个学生不可能一开始都事事成功和优秀，难免有错误或走弯路，少不得老师的鞭策指正。

　　当前是独生子女的年代，许多教师都感觉教育学生的难度越来越大。由于教师的批评或教育不当，引发师生之间的矛盾、冲突甚至对抗的事例比比皆是。它不仅严重影响着教师教学的效果，而且恶化了师生关系、学校关系和社会关系。一方面，人们对传统的"严教"模式产生了质疑；另一方面，许多教师害怕教育批评学生，深感这个尺度难把握，甚至提出了"我们能不能批评学生？""该怎样批评学生？"的疑问。

　　批评是教育者对被教育者进行教育的一种方式，是通过语言，晓之以理，动之以情的教育方法。批评是一件需要精心研究的工作，它能使学生不良的行为习惯受到谴责，能帮助学生消除思想作风上的污垢。批评的方式、态度等细节直接影响批评的效果。教师批评学生，是出于爱护，但常常因没有抓住问题的本质，而一味地批评指责，结果常适得其反，学生对老师的反感心理很强烈，不但不接受批评，而且还自暴自弃。

　　批评应当是对错误本身客观的剖析和中肯的评价，而不应是严厉的指责与训斥，也不是个人感情的发泄和简单的责任追究。苏霍姆林斯曾经说过："一个好的教师，就是在他责备学生，表现对学生的不满，发泄自己的愤怒的时候，也时刻记着：不能让孩子那种'成为一个好人'的愿望的火花熄灭，而应该'充满情和爱'。"苏联著名教育家马卡连

柯也有这样一句经典的话:"用放大镜看学生的优点,用缩小镜看学生的缺点。"

真正的批评不是伤害学生的心灵,而是为学生指点迷津、启迪心智,使学生改变不良的思想观念和行为习惯。

中学生毕竟年龄尚小,处于人生"成长"的特定阶段,有时缺乏明辨是非的能力,认识上存在一些错误、态度上存在一些问题、学习上存在一些缺陷、守纪上存在一些偏差是在所难免的。因此批评自然就成了教师教育学生的一种常用手段。教育是一种双边活动,批评也是如此。批评由批评者"教师"和被批评者"学生"共同完成。所谓"运用之妙,存乎一心",教师应讲究"批评的艺术",让批评闪耀着艺术的光芒,使批评真正成为"艺术的批评",使学生能心悦诚服地接受批评,从而达到预期的批评目的。

批评是一种艺术,如果每一位教育工作者在批评学生时都能讲究策略与方法,就一定会取得事半功倍的效果,这也是我们编此书的目的所在。

在编写过程中,作者参考了大量相关的书籍和资料,对"批评艺术"这一问题作了系统而深刻的研究。但由于知识与水平有限,错误之处难免,希望读者批评指正。

编　者

第一章　批评要讲究原则

一天下午接近放学时，一位普通中学的教导主任在教学大楼内巡视，看到的是一幕幕这样的情景：初二年级的办公室里，一位班主任正在批评一个学生，家长也在旁边"伺候"，还不时插进几句以增强"火力"。这时教英语的教师捧着一叠作业进来，于是也加入了数落这个学生的行列。女孩子再也受不了了，"哇"的一声大哭起来……确实，批评学生是师生沟通中最常见、最难处理，甚至是最令教师头痛的问题。因此，掌握批评的一些基本原则和具体策略，应该是师生沟通艺术中教师应该掌握的重点内容。

第一节　尊重和爱护学生

　　有个学生从小父母离异，由于母亲的过分管束，他很少与同龄的小朋友交往，久而久之，造成他性格孤僻，行为怪异，与别人交往经常发生摩擦、矛盾，有时候他的行为甚至令周围的人都感到讨厌、反感。当他一次又一次遭到同学投诉时，一位教师便压不住气在公开的场合上训斥他。甚至有一次，为了减少影响，把他叫出了教室。这一切并没有改变他的行为，也没有改变他的处境。本来批评的目的是为了他的成长，但如果批评得到反效果的话，那就要反思方式方法。于是，这位教师改变了对他的态度，以一种温和的态度对待他，带着尊重和爱护的心，当有同学反映他违纪或搞破坏影响别人时，他总是当他不懂规矩，教导他该如何解决问题，如何与别的同学交往，对他给予了更多的宽容。慢慢地，他的性格变得开朗了，也逐渐有了朋友，对这位教师也亲近了。

　　从心理学角度看，处在初中阶段的学生，心理正处在逐步成熟的阶段，有待不断完善。在这一时期，他们的自我意识不断增强，希望得到同伴和成年人的理解和尊重，而现在的学生多是独生子女，甚至部分是在单亲家庭里成长，因此，对自尊心方面的问题特别敏感，而且自尊心非常脆弱，所以，教师在对他们进行批评教育时既要讲原则，不迁就其错误的思想行为，又要讲感情，尊重他们的自尊心。这是让学生接受批评、理解老师最基本，也是最关键的一点。如果老师动辄公开批评或训斥学生，伤害了他们的自尊心，他们不但不理解，不接受批评，反而会对老师产生反感情绪。

　　美国著名作家爱默生说过："教育成功的秘诀是尊重学生。"当学生有缺点或犯了错误时，教师对其进行批评教育的出发点必须是为了学生，是出于对学生的关心、爱护，学生感受到这点，即使教师的批评严厉一些，他也能接受。反之，如果教师批评的目的只是为了警告他们、给他们施加压力，使他们以后不敢再犯错误，采取的批评方式是对他们的缺点、错误挖苦、讽刺，冷落他们、歧视他们，这样的批评伤害了学生的自尊心，很可能导致学生自暴自弃，悲观消极，甚至做出极端的行为。所以，一切应从关心和爱护他们出发，正所谓"亲其师，而信其道"。关怀和尊重正是打开学生心扉的钥匙，是教育学生、促使学生健康成长的关键。

第二节　态度要诚恳

态度是一个人对某一对象所持有的评价与行为倾向。态度真诚与否往往能够影响人的认识、情感和意志活动。

批评也是对人所持态度的一种反映。其一要"诚"。只有以真诚态度进行批评，才能唤起学生的真挚感、亲切感、温暖感、信任感，使其愉快地接受批评。相反，如果批评的态度虚伪，往往会使对方产生冷漠、疑虑、不安等消极的情绪和情感。

"精诚所至，金石为开。"真诚是与学生进行有效沟通的第一要素。只有教师以一颗真诚的心与学生沟通，学生才能将掏心窝的话告诉你。只有这样，你才能找到问题的症结，进行有效的沟通，从而达到理想的教育效果。那么在实际的教育教学当中，怎样才能实现真诚的交流呢？

第一，树立可以信赖的人格形象。教师的真诚不仅表现在与学生沟通教育时，更重要的是在平时教师就要给学生一个真诚的印象。这是一个教师人格的显现。摩根曾说过："人格是得到信任的最佳手段。"

第二，对学生的评价要诚恳。巴金曾说过："说真话不应当是艰难的事情。我所谓真话不是真理，也不是指正确的话。自己想什么就讲什么；自己怎么想就怎么说——这就是说真话。"作为一名教师，要善于说"真话"，敢于说"真话"。所有的教师都应该明白一个道理：教师是人，不是神；每位教师都有表达自己真实的好恶之情的权利，但不是随心所欲，信口开河。在大力提倡赏识教育的今天，很多教师都以不伤学生自尊为借口充当"好好先生"，事实上这种做法对学生的健康成长是不利的。

第三，教师一定要守口如瓶。《论语》："可与言，而不与之言，失人；不可与言，而与之言，失言。知者不失人，亦不失言。"教师一定要守口如瓶，不要随意向其他科任教师与家长透露学生与你的谈话内容。不要动不动就向家长打"小报告"，经常向家长告状的教师是没有能力的表现。向家长打"小报告"开始还的确起作用，但次数多了，教师也就会在同学间失去了威信，久而久之也就没有真诚可言了。

其二要"和"。批评学生最忌态度不好，如果教师态度生硬、粗暴，学生不仅听不进去，而且产生逆反心理。因此，批评学生只能和风细雨，不能暴风骤雨。教师要做到心气平和，必须加强自身修养，不论学生思想问题如何可怨、可怒，教师都应注意意要安定、色要温雅、气要和平、语要简切、心要慈祥。坚决杜绝那种"你笨得像头猪"、"脑子坏了吧"、"你算是没有救了"等讽刺挖苦的语言。

现在，一些教师面对学生的缺点和错误，往往不够冷静，不善于控制自己的消极情绪，常常是大发雷霆，斥责怒骂，有的甚至体罚和变相体罚学生，这只能使学生产生反感，降低教师自身在学生心目中的威信，降低教育效果。

态度诚恳、感情真挚的批评才能打开学生心灵的门窗，切忌故作姿态，冷嘲热讽，甚至恶语相伤，中国有句古话叫"良言一句三冬暖，恶语伤人六月寒"，更何况我们面对的还是孩子，是脆弱、敏感易被伤害的心灵，因此，我们的批评应是善意的，而非恶意的；是激励、鞭策，而不是打击、贬损；是维护人格的尊严，而不是辱没人格；是爱，而不是恨！批评是藏在严峻的外表下深沉的炽热的爱，如果说是恨，那也是"恨铁不成钢，恨木不成材"的恨，而不是憎恨。所以，选择恰当的情景、恰当的语言和表达方式、恰当的教育表情，对达到预期目的十分有利。因为"人情才能人理，通情才能达理"。

第一章 批评要讲究原则

第三节　坚持适度原则

　　有一次，一位家长中午到学校接孩子，当时还没有下课。他看见自己的儿子沮丧地站在教室的门口。一问，原来是因为他儿子上午第一节语文课时做小动作，被老师罚站在教室门口。然后家长又问："那么，后面几节课你为什么不上呢？"儿子嗫嚅了几下，无法回答。

　　后来，家长从其他教师那里才了解到：这所学校有一条不成文的规矩——学生的问题开始由哪个教师处理，也只能由这个教师撤销处理的决定，还美其名曰："在哪里跌倒，就在哪里爬起来。"可能是那位语文教师忘记了撤销"决定"，导致了这个学生在教室门口站了整整一个上午！家长知道原因后，愤怒之情可想而知！

　　一般来说，学生犯一些错误大都是无意的。教师在批评甚至处罚后，应该给学生留有一定的改正余地，要给他们"找个台阶下"，以利于今后更快进步。教师批评学生时虽然"该出手时就出手"，但也"该歇手时就歇手"，绝不应该采用过度的批评和处罚方式。而像前述班主任、任课教师和家长一起集中火力"围剿"学生的做法，常常会使一些性格脆弱的学生难以承受，把他们往极端方上逼，甚至造成意想不到的后果。

　　做事总得有"度"，超过了一定的"度"，往往就会带来相反的作用。教师在批评时，必须掌握一定的分寸，这样才能有所收效。

　　首先，防止批评"过火"。不少教师在批评学生时，有时会脱离客观的实际，把学生身上的缺点和所犯错误有意识地进行夸张、渲染，以此想给学生以更大的刺激，促进其改正，殊不知，过火的批评、脱离实

优秀教师的批评艺术

际的批评，反而会使学生产生反感，带来消极的作用。所以，每一个教师都应从客观实际出发，实事求是地指出学生身上的缺点和错误，并督促其改正。

其次，控制批评的惯性。在对学生的批评中，还存在着一种现象，这就是批评的惯性。一个差生由于其身上固有的一些缺点，给教师留下了不好的印象，这样不免就常常要受到批评，久而久之，教师就会形成一种心理定势。对他的批评也就会形成一种惯性，使得其时时总要受到批评，而表扬则与之无缘；有时他取得了进步，教师也会由于这种心理定势，而对此视而不见，不能给予肯定、赞扬；而有些确实与之无关的问题，却由于这种心理定势而去批评他。这样只能使其对老师产生不信任感，因而教师对他的批评、教育也必然是无效的。

最后，避免重复批评。对学生过多地批评，特别是重复批评，会使学生厌烦，有经验的教师总是尽力减少批评学生的次数，努力避免重复批评。他们往往是准确地把握学生所犯错误的关键，明确地提出批评，切中要害，事半功倍。

第一章　批评要讲究原则

第四节　实事求是，以理服人

　　毛泽东说过："没有调查研究就没有发言权。"所以，一切的批评都必须建立在充分掌握事实的基础之上，使批评不会让学生觉得是空穴来风。有的学生为了避免老师对他的"惩罚"，往往会不承认自己的错。如果老师没有事实根据，空讲几句批评的话，就达不到矫正的效果，反而让其觉得可以瞒天过海，反复犯错，甚至是变本加厉。

　　有一次中段考试后，一个学生向老师递来一张纸条，对老师说那是A同学与B同学考试时传纸条的证据，老师翻开，见上面果然写着一堆答案。老师立即找了A同学谈，他道出了真相，说是B同学递纸给他，他当时没有多想就把答案写了上去，然后把纸条扔到B的桌底下。A同学平时较乐于助人，但在这一点上老师告诉他，考试不同一般，传纸条不是真的帮助同学而是害了同学。A诚恳地表示以后再不会做这样的事情。而B比较难教，是个爱耍小聪明的学生，找他来，旁敲侧击都没能让他承认，最后只好直接问他有没有，但他也毫不犹豫地说没有。他认为老师并不知情，只是随便找人来问问。如果之前这位老师没有弄清楚事实的真相，而他又一口咬定没有，那这位老师可就真的没办法了。但这位老师已经理解了事实，于是对他说："老师不会无缘无故找一个学生来问；如果老师毫不知情，为什么偏偏叫他来问？"事实面前，他只好低头认错。

　　很多时候，一些学生会存在侥幸的心理，如果没有事实作为理据，那么批评就缺乏了说服力，也就让学生钻空子，教育也就无法开展了。所以不管事件再迫切，在处理问题前都要先弄清事实，只有掌握了事实

优秀教师的批评艺术

发展的前因后果，批评才会有针对性，其效果才会更好，学生也会心服口服。

除了实事求是，也要讲道理，以理服人，二者是密不可分的。以理服人即平常所说的"晓之以理、动之以情"。学生犯错误是很正常的，"人非圣贤，孰能无过"，更何况是正在成长中和发展中的学生呢？我们教师必须牢记学生正是世界观、人生观、价值观形成的阶段，是培养优良品质和良好的生活习惯的关键时期。没有正确思想的引导，没有道德规范的约束，是难以成人成才的。因此，对有错误的学生，只能耐心地和他摆事实、讲道理，不仅让其"知其然"，还要让其"知其所以然"，以此来提高他们懂道理、讲道理的自觉性。要用一颗炽热的心去关怀他们，感动他们，真心实意帮助他们解决各种问题，用真善美去唤起学生自我教育的意识，让学生听后觉得你是真心为他好，设身处地地为他着想，不是跟他过不去、要他难堪。冰冷的态度、过重过激的言辞，都会引起学生的逆反心理，增加说服的难度。只要用我们的真情去感动学生，使之感觉到批评他是为他好，那么我们离"使学生从弯道上归正并从而少走弯路"的目的便只有一步之遥了。

第一章　批评要讲究原则

第五节　因人因时与因地制宜

　　无论采取哪种方式教育学生，都要考虑四个方面：人、时、地、利，即教育对象、教育时机、教育场合、教育目的。为了详细阐述，分为三个方面来谈——因人而宜、因时而宜、因地而宜。

　　因人而宜。世界上没有完全相同的两片树叶，也没有年龄、性格和心理特征完全相同的人。所以在对青少年进行批评教育时，要慎重选择批评方式。正确的批评方式，可以缓解学生的紧张情绪，调节学生的逆反和报复心理，并能导致学生由消极变为积极，从而提高学生的认知程度和接受程度，不同性格、情感、意志与自我控制力的学生对于批评的适应有明显的不同，所以，教师批评学生要适应学生的个性心理特征，如对性格活泼，反应敏捷的学生给予直接式的批评；对性格内向，感情脆弱，多愁善感的学生进行对比式批评；对于逆反心理严重的学生宜用缓冲式或书信批评；对惰性心理，依赖心理和试探性心理较强的学生应采取触动式批评；对脾气暴躁，行为易被语言所激的学生要用商讨式批评。有的学生玩世不恭，爱恶作剧，课堂上你可以尽量不与他正面交锋；有的学生麻木不仁，你不妨来点急风暴雨，恩威并用，刚柔相济；有的学生爱面子，你可以随时随地轻描淡写的予以点化。

　　对那些认识能力、判断能力较差，而性格又比较犟的学生，应以诚恳、平和、热情的态度去帮助和引导他们，适时地并采用适当的语言指出其不足之处，心平气和地同他商讨不良行为引起的不良后果以及纠正的方法，使其感到老师的诚恳批评是对自己的关心和爱护，进而改正错误。如果教师以知识与年龄的悬殊为理由强迫学生接受意见，那么就是对其人格的不尊重，并使其产生怨恨和抵触情绪。

如果要使学生比较情愿地听取并接受意见，那么可以直言不讳，采用"忠言顺耳"的方法。这种方法一定要坦诚直率、恰到好处。古人曰："良药苦口利于病，忠言逆耳利于行。"尽管大家都明白这个道理，但"苦"和"逆"的东西，总是人们不情愿接受的。不过即使是忠言，也不妨讲得顺耳一些，从而帮助我们达到所期望的目的。

当然，这不是一件十分容易的事，它要求我们在充分了解学生的心理、感情的基础上，设计出学生们乐于接受的信息，用委婉、温和的话语调动学生心理上的积极因素，使其处于接受信息的"最佳状态"。譬如我们可以引经据典，责己喻人，设问诱导来达到此目的。

一位乡村小学的语文教师因为学生的字写得不好，就在几个字写得最差的学生的本子上写下了"抄三千遍"的批语，想不到，一位女学生竟然因为受不了惩罚而服农药自杀了。在法庭上，律师为这位教师辩护道："为什么其他几位学生看了批语就没有自杀呢？这说明并不是教师的责任，而是这个女同学本身的心理有问题。"

这里我们暂且不论这个教师的法律责任问题，但从心理学角度看，同一个刺激对不同气质、不同性格的学生来说一定有不同的影响。如果批评不当，很容易对学生的身心健康甚至生命造成伤害。心理学家指出：胆汁质类型的人要特别注意劳逸结合，对抑郁质的人则要给予更多的关心和温暖。而这两类气质的人最容易有心理疾患。这个乡村教师很可能就是不了解学生的个性，严重地伤害了这个也许属于抑郁质学生的稚嫩心灵，铸成了大错。因此，批评的力度、方式等一定要谨慎，特别要注意因人而异。

因时而宜。"时机"，是指具有时间性的有利的客观条件，无论干什么事，总要把握好时机，这样才能有成功的希望。种庄稼要抓"农时"，打仗要抓"战机"，同样，批评教育学生也要讲究"时机"。常言道："机不可失，时不再来。"就是这个道理。所谓批评的时机，就是教育者针对学生的心理特点选择和运用最适合的方法和手段，在最有

效、最易发生作用的时间里进行的批评。一般来说，批评与表扬一样，也以及时为好，这样可以及时地帮助学生认识错误、改正错误，因为错误还没有深入发展时，改正起来也就比较容易，而不是"时过境迁"，事情已经过去了很久再提出批评。但是批评的时机也不是固定的，教育者要根据批评对象、性质等的不同来具体确定，有时就需要耐心，等待时机的到来，操之过急，反而会事与愿违，产生消极影响。所以，把握好时机，对于批评的效果会产生很大的影响，这是教师教育机智的表现。

学生的缺点错误，有时会让人十分气恼。教师如果在"气头"上批评学生，针尖对麦芒，难免会有一场"暴风骤雨"，这对教育对象是一种摧残，也极容易激化教育双方的矛盾。此时，最好缓一缓，先让自己心平气和，再选择恰当的时机和方式去教育学生。

时间的选择要根据工作安排情况及学生思想状况与情绪表现。如学生情绪不稳，容易激动发火，此时不易谈话。如学习太忙，学生也会心不在焉。

捕捉谈话时机，把握谈话火候，谈话效果将事半功倍。一般情况下，当学生知错认错，试图改变，需要帮助时；当犯了错误，已经自责，需要谅解时；当遭遇不幸，悲痛万分，需要安慰时；当内心抑郁，愁绪满怀，需要排遣时；当取得成绩，满心欢喜，需要认同时；当遇到麻烦，一筹莫展，需要指点时，这些均是与学生谈话的最佳时机。过早，时机不成熟，"话不投机半句多"；过迟，事过境迁或事态已扩大，于事无补，悔之晚矣。

因地而宜。在什么场合下，教师与学生对话才有效果？教育场合包括场地、爱围观者或旁听者，这些因素都会影响谈话的效果。选择场合要注意场合能协调教师与学生之间的关系，能构建和谐的氛围。充分利用场合中的有利因素，扬长避短。

曾在报纸上读过这样一则学校报道：某学校的一名男生因违反了"不准留长头发"的学校规定，班主任就当着全班60多双眼睛为该学生修理头发，学生因"士可杀而不可辱"而导致一场惨剧的发生……分析这一事件，激化矛盾的关键在这位班主任。学生大多有着强烈的维护人格尊严的意识，但是，他们又常常用自己的双手打碎这残存的自尊。在这种情况下，教师的批评不应是在他们的伤口上撒盐或雪上加霜，而应是维护他们的自尊，是雪中送炭，这样才会促进学生自己去认识错误，继而改过自新。对学生来说，分清批评的场合，自尊心有着促人悔过、励人自新的作用。因此，教师在批评中不是去扑灭他们自尊的火花，而是去重新点燃他们自尊的烈焰，这往往就是批评有效的秘诀。

美国心理学家詹姆士说："人类最大的愿望就是期望被赞美、尊重。"成年人有自尊心，学生也同样有极强的自尊心，他们渴求得到平等的对待和尊重。学生犯了错误，有的教师不分场合，便在全班公开点名批评。结果，被批评的学生中，有的学生再也抬不起头来，有的干脆破罐子破摔。

教育学生不能伤害学生的自尊心，更不能当众揭露学生的隐私。民间有"人后教子"的说法，讲的就是批评教育孩子要避开众人，切忌当众训斥。批评学生也是一样，课后私下交谈，开诚布公，求同存异，效果常常优于当众训斥。一般来说，青少年学生都有较强的自尊心，他们十分重视自身在同龄群体中的形象，把同龄伙伴对自己的评价、态度看得比父母、师长的评价、态度更为重要，而且处在青春期的中学生还有着一种特殊的心理现象，这就是他们喜爱在异性面前表现自己，而不愿在他们面前受到批评。所以，一个教师如果在同龄伙伴面前，对某个学生进行严厉批评，学生就会认为老师不给自己留面子，使自己在集体中的形象受到影响，于是他们就会固执起来。有些批评本来他们完全可以接受，而一旦在众多的同学面前，在公开场合中，他们就会拒不接受，甚至与老师发生争执、顶撞。所以，教师在批评学生时，特别是在批评一些年龄大的学生（尤其是女生）时，应注意避免在公开场合中，尽量多采用个别交谈的方式，这样便于学生接受。

第六节　注意善后巩固

　　批评，是一剂苦药，有时是一剂学生不得不服的苦药。这剂苦药包容了教师多少望生成才的良苦用心和无奈心情。但这苦心并不一定能为学生体察到。怨恨、误解、抵触等消极情绪反而不同程度地存在着。所以教师在批评过后，不能简单地就结束了自己的批评工作，还要注意自己的批评是否恰到好处，是否对学生产生了好的效果，这就要求教师做好批评的收尾工作。所以教师在批评过后，还要注意以下三个方面的工作：

一、关注学生情绪变化，防止过激行为

　　严厉批评后要安排其他同学关注其情绪变化情况，个别情绪不稳定的同学可能会做出逃学、出走、破坏、报复、轻生等过激行为。

二、关注学生改正错误的情况，防止坐失良机

　　批评的目的是促其改正错误，所以不要认为批评结束就万事大吉，而要进行有意识的观察、辅导，有了进步要及时表扬。

三、注意安抚技巧，消除感情隔膜

　　批评后，必要时可以采取适当的方法向学生表明为什么要批评，为什么要这样批评，以消除感情上的隔膜。对确属自己认定事实有误或批评过火，要坦诚地表示歉意。但是，批评后一般不要立即找学生解释，也不要一边解释一边否定先前的批评，否则，不但不利于学生认识错误、改正错误，还会有损于教师自己威信的建立，危及今后的教育效果。

　　总而言这，批评是种艺术，是一种要教师用心去解读的作品，用爱去体味的哲学。它的成功与否，只有一个前提——教师是否热爱学生。只有在爱的引导下，教师的批评才会取得成功，我们的教育才会灿烂辉煌。学生是教育的主体，教师的批评教育只有在学生主体的积极参与下才能充分发挥其功能。为此，我们每一个老帅都应讲求批评的艺术。这样才能使学生认识错误、改正错误，从而达到教育学生的目的。

第二章　巧用批评方法

　　批评是教师转化学生思想常用的武器，若运用恰当会有助于学生的成长，融洽师生关系；若运用得不恰当，不但不能对学生的不良行为起到教育作用，反而还会使师生的关系紧张。那么都有哪些批评方法可以供我们借鉴呢？人们常说："有一千个读者，就有一千个哈姆雷特。"相对于批评而言，那就是：一千个批评者有一千种批评方法，批评要因人因性因事而异。下面我们就来介绍几种常用的批评方法。

第一节　六步进阶法

　　尽管许多教师都学过一些批评学生的原则、策略、方法等，但碰到实际情况时，教师们往往觉得无从着手，当然效果也无从说起。这里给教师们介绍一种批评学生的有效模式——六步进阶法。这种模式的优点在于综合运用了有关批评的各项有效原则，并从每一阶段的操作方式训练着手，易于教师学习掌握。

　　六步进阶法的实施具体如下：

一、反省内心对话是否正确

　　教师要批评学生时一般应有一定的思想准备，哪怕两三分钟也好。重点是思考自己的内心对话是否正确，是否遵循了以下原则：

　　（1）真诚。不封闭自我，不矫揉造作，不自以为是，不口是心非。不求对方一定接受自己的全部意见，但希望对方明白自己的全部心迹。

　　（2）友善。批评的出发点不是去伤害学生，而是去帮助学生，即使这位学生曾经伤害过你或其他学生。

　　（3）理解。设身处地地体验感受对方的心理活动，试着站在对方的角度来考虑问题。

　　（4）尊重。这种尊重应包括：对对方人格的尊重，对对方价值观、言行方式的尊重，给对方以充分时间考虑自己的意见，有申辩的权利及不予接受的自由等。

　　试对比以下内心对话：

　　正确的："小明这次错误给老师造成了不少麻烦，但还不至于无法

收拾，我要指出他的错误并让他改进，同时我必须保持冷静。"

错误的："小明这次错误实在太令人气愤了！简直是不可饶恕！这次一定要叫他下不了台！"

正确的："批评他时他可能一下子受不了，不过我想即使他一时失去理智，我也会一步步地开导他战胜错误。"

错误的："我如果指出他的错误，他肯定会跟我大吵大闹，那就麻烦了！索性跟他翻脸吵到底！否则他要骑到我头上来了！"

正确的："趁现在事态还不严重，赶紧向他指出，也许他认为不值一提，可我必须防微杜渐。"

错误的："这一次就马马虎虎地跟他提一提，免得伤他的面子。如果下次再犯，我可就对他不客气了！"

二、切入话题，伺机说明批评的理由

可能的话，批评前先要有一个打开话题的"热身"运动，以免给对方一种突如其来的不愉快感觉。但一旦切入话题，就不应拐弯抹角，而应直指问题核心。教师此时可以从几个角度来说明批评的理由。

（1）指出对方错误对你的影响。"今天你课堂上的表现给老师带了很大的麻烦。"

（2）指出对方错误给对方造成的影响。"你今天的行为如果不改会影响你今后的成长。"

（3）指出问题是如何发生的。"今天有些同学向我反映，说你影响大家正常地听课。"

说明理由时切记要简单明了，忌啰唆或过分重视细节。

三、提出明确中肯的批评

（1）句子应以"我"字开头，以表示批评发自于你个人，而非某些不能公开的来源。例如，"我看到了你在课桌下做……这是违反校规的。""我对你今天的做法很不满意，我觉得你太忽视……了。""我感

到很痛心，因为你……"

（2）批评对方时语句越简短越好，而且要最先说出，说完后可谈谈此项错误的后果。如果后果在前一进阶中已有所涉及，则这里可以再说得详细些。

（3）注意体态语。

注意体态语的配合眼神：

诚恳的目光——表现自己与人为善的诚意。

自然坦率的目光——表现自己对对方的尊重和信任。

询问的目光——反复与对方对视，表明希望得到对方回应。

教师的眼神切忌游离不定或与对方接触太少，否则学生会对你的批评感到不够真诚或受轻视；但眼神接触太厉害，像"瞪视"会使对方感到受到侵犯，产生对立情绪。

注意体态与空间语言：

表示自己的诚恳、关切时——身体微微前倾、靠近对方。

想使氛围略感轻松时——身体适当后倾10度左右。

根据对方的各种特点选择不同的空间距离交谈。

四、请对方提出解释

这一步是用来说服对方心悦诚服地接受你的批评，方法是积极的询问："你能说说这是怎么回事吗？""你为什么会这么做呢？""能说明你于这事的原因吗？"

询问的目的是让对方有机会作解释和申辩，不要造成"一言堂"的局面。

询问的结果之一是对方接受了你的批评，但此时还可能说出一些让你出乎意料的事实来，使你的批评能修正到更准确的程度，也使对方更能接受。询问的另外一种结果是发现对方确实对你的期望或要求不甚明了，这时你必须向对方作补充说明，并确定一个对方能接受的标准。当然，还有一种结果就是对方解释后，你发现批评并不正确，那么，你就

应修正或撤销批评，不可为了面子继续批评下去，造成侵犯学生的行为。

五、请对方建议如何改进

到这一步时，教师主要鼓励对方说出自己的改进意见，根据学生的个性差异，此时的口语策略大致有以下几种。

（1）鼓励型。"你有什么改进的构想？""你给我写一个改进的计划。"此种方法适用于那些能力和自觉性较强的学生。

（2）建议型。"你说说老师该怎样帮你？""老师要求你这样做你觉得怎么样？"此种方法适用于那些能力和自觉性中等的学生。

（3）帮扶型。"老师如果这样帮助你改进，对你是否有帮助？""老师会这样来帮助你改正，你同意不同意？"此种方法适用于那些能力和自觉性较差、需教师具体帮助的学生。

必须指出，此时学生说不定真的会对教师提出一些要求，期望教师也作适当改变。对此，教师必须有思想准备，但不应纠缠于此，重点还是要转向学生的行为。

六、总结对方承诺的行动

这是最后一步，也非常重要。因为一般的批评者针对"不该有"的行为往往说得很多，对"该怎样做"却表达得很模糊。此时的做法一般是：

（1）重复检讨上一步进阶中对方提出的改进建议，确定它们的可行性。"那么，你答应以后一定会……""所以你下次会……""你确认，你的计划是……""你的意思是……"

（2）再次明确彼此应尽的义务。"你将会……做，而同时老师也会……地来帮你。"

（3）向对方说明这次批评的严肃认真性。"老师希望你对你今天所说的话负责，我会经常检查督促你的。""过一个星期，我就来看看你的计划执行得如何。"

这类话主要是让学生明白，以后教师将会继续观察他们的改进努力，以使他们更加慎重行事，不至于也不敢把今天的谈话当儿戏。

最后，与学生道别后，教师如果还有点时间，应该把这次批评性谈话的时间、地点、主要内容等作简单的笔录以备用。

六步进阶法在训练新教师时效果最为明显，很多老教师学后也感到受益匪浅。当然，在实际的师生沟通中必须视情况而变通运用。这种模式所体现出的人本主义心理学精神是每个教师都值得吸取的。

第二章　巧用批评方法

第二节 适度"冷"处理

荀况曾说:"有师有法者,人之大宝也;无师无法者,人之大殃也。"对于"冷处理",相信任何一位老师都不会感到陌生。在互联网搜索引擎上,键入"冷处理"一词,相关搜索令人眼花缭乱,大到一个国家处理国事问题,小到一个人对待感情问题,都可见"冷处理"一说。

冷处理,单从字面上理解,是模具加工工艺的一道工序,就是把烧得通红的模具放入冷水中处理,目的是让模具变硬、耐用!

冷处理,现在则被人们引申为一种人际交流与沟通的艺术。当老师遇到一些棘手的事情时,暂时的"冷却"比急切的"热攻"的效果有时要好得多。

一生钟情栽桃李的教师霍懋征,教学几十年,从来没跟学生发过火,更没大声呵斥过学生,遇到一些淘气的学生惹她生了气,她就采取冷处理方式进行处理,而且取得了很好的效果。在这种沟通方式的指引下,霍懋征实现了她的格言"没有教不好的学生,只有教不好的教师"。

确实,只有教不好的教师才会在与学生沟通时,倾向于采取"强攻"的方式,急于找出原因,"盖棺定论"。殊不知,有时候,教师适当留点空白进行冷处理的方法,要远胜过那些心急火燎的攻心法。来看一则案例:

在大连市教育系统,第46中学教师董大方算是个知名人物。大连市教育局曾在2000年把她树为教师楷模,2004年她被提名为"全国十大杰出教师"候选人。董大方看上去总是清清爽爽，没有一丝倦态，灿烂的笑容总能感染周围的人。她有阳光般灿烂的笑容，她有春风般的话语，她总能把思想工作做到学生的心坎里。在 27 年的教学生涯中，她始终用尊重和信任，铺设着师生之间心灵沟通的桥梁。

有一年，她接手了一个新班，没多久正好赶上学校里的科技月活动。在科技月班会排练之初，董大方将班上所有的学生分为三个组，每一组指定了一位组长，并安排了任务。其他两组都进行得非常顺利，只有第二组在董大方检查时没有完成任务，更确切地说，应该是根本没有做任何工作。董大方找到了这个组的组长任远同学了解情况。

那天下午 4 点半，放学后任远带着一脸的不情愿来到董大方的办公室。董大方见状便微笑着请他坐下来谈话。而任远的双眼却一直游离不定，始终不肯与老师的目光对视。董大方笑笑，开门见山地说："任远啊，我刚刚检查过你们三个组的工作，你们小组的进度比较慢，能告诉老师原因吗？""董老师，这可不能怪我，谁让他们什么事也不干呢？连我组织开会他们也经常迟到，我这工作简直没法进行！"任远理直气壮地说。"哦，是这样啊。那么你仔细说一下情况吧。"董大方不急不躁地说。"比如前两天我告诉陈阳下午立刻把有关月球的资料找出来并整理成知识卡片，可他居然说没空！这是什么态度，我是组长，我分配给他的任务他都不配合我好好做！还有……"不知道任远哪来这么多话，足足发了一个小时的牢骚才住口，无非是这个工作速度慢，那个工作能力太弱。董大方耐心地听他说完，渐渐了解了任远的工作细节，感觉任远的工作存在着不少问题。于是，董大方便试图指出他在工作中存在的问题，教给他方法，便说："任远啊，你是组长没错，但你分配任务时有没有考虑过大家的能力和时间问题呢？据我所知，陈阳的动手能力很强，你为什么不把制作模具的任务交给他……"董大方话还没说完，任远就抢了话头："董老师，您这是什么意思？找资料的活很简单的，去学校图书馆用不了 20 分钟就能搞定，我怎么就没考虑过？"任远越说越激动，根本听不进董大方的任何意见，最后居然说："董老师，

既然您怀疑我的能力，那我辞职好了！"董大方一怔："任远啊，老师可不是这个意思……"师生这次谈话持续到晚上6点半，最后任远摔门而出。

被他抛在身后的董大方却不急不恼，她仔细地回味着这次谈话，琢磨着问题出在何处。这时她想起在接班时前班主任张靖老师也特别向她提起过任远，反映这个学生学习好，个人能力强，但他不会和其他同学相处，组织能力较差，自我意识过强，不能接受别人的意见甚至是老师的意见。鉴于以上的情况和任远的个性，董大方决定采取"冷处理"的方法。

董大方确定了方法以后，第二天她没有再找任远谈话，而是直接召开了第二组的全体会（任远虽然接到了通知但闹情绪没有参加），重新选了负责人（任远的组长一职没有宣布撤销），重新制定了工作计划。在以后的班会排练和正式举行的过程中，董大方都没有安排任远做任何事情，但要求他从头到尾都要参加。

在整个的过程中，任远的状态不断地发生着变化：最初他对其他同学的工作漠不关心甚至不屑一顾；渐渐地他开始关注排练的过程，有时还想发表自己的意见但又因不好意思说出口，便强忍着；到正式开班会前的最后一次彩排后，他终于忍不住找到董大方提出了自己的意见，董大方并没有重提旧账而是采纳了他的意见并表扬了他。

最后在开班会的那一天，任远主动要求担任了黑板报的设计工作。在班上的总结会上，董大方建议给全班同学加分，任远当时提出自己不能加分。其他同学和董大方一致认为他为班会还是做了一些工作的，所以也给他加20分作为奖励。

总结会后董大方找任远谈了一次话，这次效果比较好，通过反思他也认识到了自己的一些问题，并表示今后一定改正。一场艰难的沟通，经过这样的冷处理，最终水到渠成地搞定了！气头上的任远，自负的任远，连老师的意见都不放在心上，唯有自己为上。

对此，董大方老师的"冷"则让他渐渐心急：好胜的他，怎么能容得下别人在他面前指手画脚；自高自大的他，又怎么能甘心被老师"罚"下场，饱尝坐"冷板凳"的滋味。

老师的"冷"与任远的"热"形成了鲜明的对比，师生过招，最终是这个出现"热"问题的学生被老师的"冷"所降服。正可谓对症下药，优秀的教师在与不同的学生沟通时一定要讲究不同的方法——当趁热打铁不奏效时，何不进行冷处理？

倘若董老师因为任远对自己的"不敬"行为而怒不可遏，一气之下撤销他的组长一职，并对他的行为严厉训斥，以任远的性格他会接受吗？董老师又能达到预期的沟通目的吗？

教师遇到问题找学生谈话，一般是抱着及时解决，宜早不宜迟的态度，仿佛趁热打铁才好成功，但是具体问题要具体分析，有些情形需要冷处理，要欲擒故纵，要留一段空白时间，以便学生有一个反思审视、自省自悟的余地。

所谓"冷处理"就是暂时将事情搁置，给学生冷静的时间，将他置于事件以外，让他观察、思考、反思，最后主动得出结论。

教师在处理有关问题时，只要是把处理的时间向后挪而不造成不良后果，就应把时间尽量朝后挪，给学生一个渐悟的过程。这样，既能让学生内化，达到认识、自悟、忏悔、改过的目的，也能让老师有充分的时间进行调查了解，从而分析研究学生的过错心理，一边抓准事态的症结和选择恰当的处理办法。同时，更能让教师在心理上进行"冷处理"，避免感情冲动和妄下论断。

这种方法比较适用于那些容易冲动、性格较自我的学生。但在实施的过程中一定要把握好火候，不能伤害学生的自尊心，否则将激起更强的逆反心理而不能达到批评教育的效果。

第三节 以"退"为进

杜老师曾经接管了一个差班。当时，正好赶上学校安排各班级学生参加平整操场的劳动。这个班的学生躲在阴凉处谁也不肯干活，任凭杜老师怎么说都不起作用。后来，杜老师想到一个办法，她问学生们："我知道你们并不是怕干活，而是都很怕热吧？"学生们谁也不愿说自己懒惰，便七嘴八舌地说，确实是因为天气太热了。杜老师说："既然是这样，我们就等太阳下山再干活，现在我们可以痛痛快快地玩一玩。"学生一听十分高兴。杜老师为了使气氛更加融洽，还买了几十个雪糕让大家解暑。在说说笑笑的玩乐中，学生接受了杜老师的说服，不等太阳落山就开始愉快地劳动了。

对于学生的"偷懒"现象，杜老师没有直截了当地批评、指责，而是采取"以退为进"的处理方法。这样做不仅巧妙地化解了师生之间的尴尬，还充满了对学生的人文关怀，使师生关系出现了其乐融融的和谐景象。可见，老师如果本着保护学生心灵的思想，真正做到"以退为进"，就一定能"精诚所至，金石为开"，使沟通取得"退一进二"的神奇效果。

从古至今，"以退为进"都是一种大智慧，是让我们取得成功的有利战术。越王勾践，卧薪尝胆，养精蓄锐，一举灭吞吴国；陶源明退隐山林，才有了"采菊东篱下，悠然见南山"的佳篇；鲁迅弃医从文，磨砺笔锋，发出惊世骇俗的呐喊。对于老师而言，如果巧妙地运用"以退为进"的方法与学生沟通，更是能受益匪浅。

陶宏开是美籍华人，他在美国定居 18 年，有 7 年时间从事素质教育，深入研究中美文化、教育等课题，2002 年退休后回国担任母校华中师范大学的特聘教授。他成功帮助众多沉迷于网络游戏的孩子找回自我，被称为"网瘾克星"，还被共青团中央聘为全国第一位"网络文明爱心大使"。陶教授认为，对于上网成瘾的学生来说，"堵"并不是解决问题的最佳途径，只要看清学生的本质，"以退为进"地开展思想沟通工作，就完全可以引导他们戒除网瘾。

陶教授曾经接触到一个名叫陈海阳的"网瘾"学生，他的性格比较内向，不是很会说话，还曾三天两夜呆在网吧不回家。从一开始，陶教授就感觉到陈海阳其实是个很单纯的学生，内心也很想上进，玩游戏对他而言，好比是戒不了的毒，他需要自己的帮助！于是，陶教授便经常给陈海阳打电话，旁敲侧击地问他晚上在家做些什么，晚上是否做作业，上网时爱玩什么，哪些游戏比较好玩，在网上聊天认识的人感觉怎样等等问题。每次回答，陈海阳几乎都是短短的几个词语，是或不是，很简单。但他的回答又很直接，不回避什么，想到就说，说完就没有了。

一个周六的下午，陶教授突然接到了陈海阳父亲的电话，对方十分生气地说："儿子又去网吧了，中饭都没回家吃。"陶教授一边安慰陈海阳的父亲，一边叮嘱他："孩子无论何时回到家都千万忍住不要发火，一切等我电话联系到他本人再说。"

事后，陶教授知道陈海阳当晚 7 点左右回到了家，父母忍住了怒火，只扔给他一句话，说陶教授已打电话找他了。陶教授意识到：前期的铺垫工作结束了，现在该是和陈海阳面对面开展工作的时候了，好比是在战场上应是正面交锋，短兵相接的关键时刻。

第二天一大早，陶教授就拨通了陈海阳家的电话，找到了他。当陶教授平淡地问陈海阳昨天出去干什么了时，陈海阳很老实，只是简单地说："去网吧了。"似乎他已料定陶教授会问到这个问题。陶教授想，电话里虽然听不出陈海阳当时的表情，但他一定对自己有所戒备，筑好了心理防线，若此时对他严厉批评或谆谆教导，恐怕没有多少效果。于

是陶教授接着问:"是不是学校里布置了什么作业,需要上网找资料?在网吧里呆这么长时间,是否找到了自己所需要的资料?"

这下陈海阳像打开了话匣子,连忙说:"政治老师布置了一个作业,我本来想去网吧找些资料。哪知道后来还是熬不住,玩起游戏就忘记了时间,感到肚子饿就回家了,但也已是晚上了。"听他说得挺坦白,陶教授心里不禁暗暗高兴:他愿意与我交流,我就有办法进一步对他进行教育。

陶教授又问陈海阳回家后父母的反应,他用满带迷惑的口气说:"以前我这样他们肯定骂了,可昨天他们什么也没说,就说你下午来过电话了。难道是他们懒得骂了?不会吧!"

陶教授一边听,一边想:他一定能从电脑游戏中走出来的。教育他,采取什么样的策略,怎样在第一时间抓住其心理显得尤为重要。

陶教授语气坚定地告诉陈海阳:"周六的事我暂且不评论对错,但以后遇到上网,必须做到:一是出门时告诉父母你去哪里了,最好告诉他们你去了哪个网吧;二是要按时回家吃饭。这些都是为了不让父母太担心。如果你能做到这两点,由我出面做你父母的工作,让你每周六都能有半天时间去上网。"电话那头,停了近一分钟,陈海阳还是答应了。放下电话,陶教授觉得心里还不是十分有把握,他的父母会不会同意我的方案?会不会支持、配合我开展工作?他本人又能否遵守这个约定?能否感受到父母和老师的一片苦心呢?

周一上午,陶教授趁陈海阳在学校读书,赶紧打电话到他家,与他父母交换了自己的想法和策略,并再三恳请他父母按照自己的计划去做,先退一步,给孩子一个缓冲的时间。如果他真的忍不住,就先打电话给自己。

事后证明,陶教授这一步是"退"对了,陈海阳以后还和陶教授说起,他一直很迷惑当时父母怎么会有那样的表现,以往总是连教育带骂的。他本来打算那晚如果父母骂得太厉害,晚上就索性躲到某个网吧里去。结果搞得他自己反倒有点不好意思了。

优秀教师的批评艺术

很快，又一个双休日来了，陶教授一直惦记着陈海阳，一大早就给他电话。当时，陈海阳正在吃早饭，陶教授问他几点去网吧，电话那头先是停了会儿，然后说："你怎么知道我会去？万一我不去呢？"

陶教授说："你还是去吧，只要遵守我们的约定，你父母那儿我来解决。要不然双休日两天你会感觉少了什么，浑身会不自在的。"

当晚，陈海阳的父亲就给陶教授打电话说："儿子这次去了一个早上，12点不到回来吃中饭的，下午就很安心地呆在家里了。"自己的"督促"能起到这样的效果，陶教授非常意外，同时也更有信心了。

从那以后，陶教授每个双休日都用电话联系，只是提醒他去上网，其他什么都没有多说。陶教授想，陈海阳应该能体会到自己的用意，并且会一次比一次有进步的。

就这样坚持了2个多月，一天，在电话里陶教授又与陈海阳"开条件"了。他要求陈海阳以后尽可能做到周一到周五晚上不去网吧，如果去一定要告知父母，不能超过两次且每次不超过2小时。双休日如果有特殊原因冲掉了上网的时间一定保证在第一时间内补回。记得临挂电话前陈海阳还问陶教授："你怎么监督我？万一我做不到怎么办？"陶教授很平静地对他说："不需要监督，一切靠你自己。如果你觉得需要帮助，我会随时提醒你的。"

从那以后，陶教授双休日的电话依旧，但渐渐地，督促他上网的少了，询问他学习生活的多了。

如今的陈海阳已经从虚幻的网络中回归现实，成了一名积极向上的好学生。

陈海阳是一个"问题"学生，老师的批评、父母的指责对他来讲已是"家常便饭"。对此，陶宏开教授巧妙地运用了"以退为进"的教育方法，不图"说服"，不是"治病"，不贴"标签"，而是巧妙地给学生以回旋的余地。

"退一步海阔天空"，这样做不仅使陈海阳有了意外的惊喜，更使他感到陶教授对自己的信任与宽容，无形中产生了自我教育的良好效

果，这显然要比"堵"的方法更有力量。

社会心理学上，人们把行为举措产生的结果与预期目标完全相反的现象称为"飞镖效应"。这好比用力把飞镖往一个方向掷，结果它却飞向了相反的方向。面对像陈海阳这样有不良行为的学生，有些老师往往站在其相反的方面，一味地批评、指责甚至歧视，与学生"两阵对圆"。其结果如何呢？往往会导致学生产生逆反心理，不仅影响师生之间的感情，还往往导致学生的行为更加恶化。而陶宏开教授却采取"以退为进"的处理方法，给学生以缓冲的时间，以利于双方在心平气和的状态下达成共识。

第四节　以"柔"克刚

以柔克刚，语出老子的《道德经》："柔之胜刚也，弱之胜强也，天下莫不知。"它不仅是为人处世之道，又是治国之道，更是一种高超的斗争谋略。由于所遇到的具体情况千差万别，以柔克刚的表现方式也不同。但总的表现是：用柔的、软的、温和的、很合乎礼仪的方式、方法或手段来战胜顽敌——政治斗争中的对手，或是军事上的敌人。

《明史》记载，有一次明武宗朱厚照南巡，提督江彬随行护驾。江彬素有谋反之心，他率领的将士，都是西北地区的壮汉，身材魁伟、虎背熊腰、力大如牛。兵部尚书乔宇看出他图谋不轨，从江南挑选了100多个矮小精悍的武林高手随行。乔宇和江彬相约，让这批江南拳师与西北籍壮汉比武。江彬从京都南下，原本骄横跋扈，不可一世，但因手下与江南拳师较量，屡战屡败，气焰顿时消减，样子十分沮丧，蓄谋篡位的企图也打了折扣。

这里，乔宇所用的就是"以柔克刚"的策略。

不可否认，在师生沟通过程中，也难免会有一些性情暴躁、逆反心理强的学生，他们对老师的谆谆教导往往是"软硬不吃"，甚至反其道而行之，口服心不服。

对此，老师如果只用简单的说教和无休止的训斥，只能治标，无法治本，有时甚至会引起学生的"顶牛"，造成师生关系的恶化。而如果我们能够巧妙地运用"以柔克刚"的方法去做学生的思想工作，用一颗真诚的心去融化他内心的冰雪，给他一片温暖的阳光，那么就往往能达到好的沟通效果。

童话《红菱艳》里说有一种红舞鞋，只要穿上它，就能跳出世界上最优美的舞姿，可就是不能停下来，要一直跳下去；谁要是领略了这跳舞的快乐，谁就会一生一世都喜欢这红舞鞋。哈尔滨市道外区一三〇中学的何春艳就是一位"红舞鞋"的痴迷者，只不过她的舞台是三尺讲台。

1995 年，何春艳毕业于黑龙江省农垦师专，在"到党最需要的地方去工作"的号召下，她志愿来了哈尔滨市最偏远、最贫穷、最落后的农村中学——道外区一三〇中学。初到一三〇中学，没有自来水，就喝矿物质严重超标、呈淡黄色的井水；没有暖气，就搭起令满屋子烟尘飞舞的土炉子；没有电灯，就点蜡烛；没有电话，便写家书；没有柴火，就去树林里搂树叶；夜里屋子冰冷，就坐在被窝里备课、批改作业……

凭着高度的事业心、责任感和年轻人的韧劲儿，何春艳老师取得了一系列硕果累累的好成绩，被社会各界包括媒体所关注，受到市、区教育局的高度重视。

1999 年 3 月 18 日，黑龙江电视台"走进千万家"栏目为何春艳录制了专题片"为了孩子"，宣传了她的教育教学事迹。同年 12 月，她又被市、区教育局共同推荐到六十九中学任教。对此，何春艳老师深有体会，她认为，老师本着一颗爱生的心，运用"以柔克刚"的方法与学生进行思想沟通往往能给学生带去丝丝温暖，使他们从懵懵懂懂的孩子，变成一个个有思想、有能力、有爱心、有素质的好学生。

何老师班上有一位名叫江辉的学生，人称"打架大王"，升入六十九中不到两周，就与班上的学生打了三次架。通过调查，何老师得知，江辉在小学时就打过老师，到校长室拍过桌子。对这样一个学生，何老师感到了压力。但她始终坚信：耐心与爱心会抚平他身上的狂野！

一天放学，江辉又与外班同学发生争斗，大打出手。正巧被校长现场抓获，用校长的话来形容，当时这个孩子简直就像一头猛狮。

晚上何老师辗转反侧，想着校长当时的那句气话："管不了你，我六十九中宁可不办了！"她感到了学校规范管理的力度，感到了小小的班主任肩负的重大责任。"明天我将以怎样的面孔出现在他面前呢?"何老师设想了种种情形,也预想了种种结果。

彻夜难眠时,她告诉自己,思想转变需要过程,千万不能急躁。第二天,何老师非常平和地先让江辉写了三份心理活动说明书(班法中规定犯错误的学生要写 500 字以上的心理活动说明书),以便使他有机会反思自己的行为。一份交给校长,表示道歉的诚意;一份交给政教处,请求处理;第三份交给班主任,收入班级档案。然后何老师在全班学生面前分析了一个学生这样做对个人、对班级、对家庭、对社会的影响,虽然没有严厉的斥责,但江辉却红着脸,低下了头。这以后,何老师常常利用放学时间,找机会把江辉留下,与他促膝长谈。

渐渐地,何老师发现虽然江辉也有双拳紧握、怒目圆睁时,但更多的学会了冷静与忍耐。然而好景不长,一次自习课上,江辉竟然趴在桌子上,当何老师出现在教室门口时,他只是不屑一顾地瞟了老师一下,又把头低下。何老师把江辉叫到教室外,当问他"是否知道老师为什么要找你"时,江辉态度极其生硬地说:"知道,因为中午我在教室里大喊了一声!"

看到江辉恶狠狠的目光,何老师真是又气又心寒,总觉得在他身上付出了那么多精力,却得到了这样的回报。但何老师深知,如果她是暴风骤雨,自己辛辛苦苦培育出的幼苗就会被连根拔起。她告诉自己,必须以柔克刚,转移矛盾。于是,何老师说:"不对,你在教室喊时,老师看了你一眼,从你的眼神里,老师已经读懂你的悔意,所以已经没必要因为这事再找你。今天中午,老师批改到你的作文,真的很震惊。不仅卷面整洁,文章也很有思想,而且有些词语用得恰到好处,老师准备在全班读你的作文,表扬你。老师今天找你是发现你非常有潜力,希望你把更多的精力用在学习上。"

这时,江辉用微笑代替了冷漠,何老师觉得时机已到,马上说:"自习课你在下面干什么?凭我对你的了解,你看课本时不会那么专心。你不会让老师失望吧?"他犹豫片刻,最后说:"我在看《龙珠》。"

然后，何老师又用当积极分子、入团，说这样会使其他学生如何尊重、佩服他来激励江辉。终于，江辉当着全体学生的面，恭恭敬敬地把课外书交给了何老师。看到他能诚心改正错误，何老师感到十分高兴，是啊，无须大动干戈，却又打了一场胜仗。如今，江辉已经在班委会竞选中当上了班委，而且是班级公物小组负责人，他工作积极、认真，总能得到后勤主任的表扬。

何春红老师看似"柔和"的举动，不仅避免了师生针锋相对的正面冲突，还有效地"征服"了学生，从而在三尺讲台上跳出了一曲曼妙之舞。可见，"柔"的力是内敛的，更是无穷的，它能攻克学生紧闭的心灵之门，填补师生之间的感情空白，使教育沟通工作取得意想不到的丰硕成果。

古希腊有个神话，说宙斯给女孩潘多拉一个盒子，告诉她绝不能打开。但宙斯的"告诫"，反而使潘多拉更好奇，终于忍不住打开了盒子，结果所有的"罪恶"全跑到了人间。心理学上把这种"不禁不为"、"愈禁愈为"的逆反现象叫做"潘多拉效应"或"禁果效应"。

不可否认，在师生"心理需要相抵触，心理交流多梗阻"的情况下实施沟通，会引起学生在接受上的对抗性。面对"打架大王"江辉的抵触情绪，何春红老师以"柔"的耐心和点点滴滴的温情有力地削弱和淡化了学生的强硬与冷漠，引起学生感情上的共鸣，从而起到了"以柔克刚"的积极矫正作用。

从中我们可以看出：师生沟通是一项"工夫活"，教师除了要有责任心、事业心外，还要讲究技巧。

对于个性倔强的学生，老师简单的说教、以硬碰硬肯定是不行的，不仅不利于学生向好的方向转化，甚至会把学生推到对立面，造成师生关系的恶化。

如果我们能像何春艳老师那样善于以柔韧之力，及时地应付尴尬的场面，攻克学生的心理防线，巧妙地化解师生之间的矛盾，就能形成愉快和谐的沟通氛围，使问题的解决势如破竹。

第五节　借"题"发挥

经验丰富的辩论家总是不放过一切机会宣传自己的观点，这机会就包括对方提出的论题，如未阐发、证明或论证不合理。我们可接过这一论题趁机加以发挥，变被动为主动，能收到意想不到的效果，这就是借题发挥法。

1960年4月，周恩来总理在尼泊尔首都加德满都举行了一次记者招待会。当谈到中尼两国对珠穆朗玛峰的看法不一致时，美国一记者问："关于珠峰问题，你在这次会会议中是否已作出决定？你刚才讲的话，含义是由中尼两国把它平分？"周总理回答说："无所谓平分。我们还要继续进行友好的协商，这个山峰把我们两国联结在一起，不像你所想的会把我们两国分开。"寥寥数语，一"分"一"联"，周总理借记者所提出的问题，趁机加以发挥，重申了我国的友好睦邻政策。

教育蕴藏着机智，沟通也充满着智慧。"借题发挥"也是老师经常运用的沟通艺术。在一些特定的场合，老师如果能巧妙地借题发挥，就能使学生心悦诚服地接受。

有一位班主任，发现他们班的个别女学生有爱哭的小毛病，就决定在班会上就此谈点看法，他是这样引出问题的。

首先，在课堂上，他先问了个问题："大家看过《红楼梦》吗？"

大家立刻回答："看过！"

他看了看大家，挺神秘地说："现在，我想悄悄地问一个男同学一个问题，也请他悄悄地回答我。"

说着，这位班主任走到一位勇敢的男生跟前，悄悄地问了两句话，

那男生笑笑，也悄悄地回答了两句。

然后，班主任笑眯眯地走向讲台，对大家说："现在，我可以公开答案了。我问他的问题是'你喜欢林妹妹吗'，他的回答是'不喜欢'；我又问了一句'为什么不喜欢'，他的回答是'因为林妹妹爱哭'。"

听了班主任的介绍，全班同学都快活地笑了起来。而这位班主任也就立即借题发挥，恰到好处地讲起了哭意味着无奈、软弱和缺乏信心等道理。只有精妙的艺术，才能产生永恒的作品。一名优秀的老师要善于捕捉灵感，不断拓宽教育的领域，巧妙地借题、借助载体而发挥，让教育变得亲近而易于接受。

来看一则案例：

史玉海是宁波市的特级教师，曾先后获得"宁波市首届名教师"、"浙江省劳动模范"、"全国优秀教师"、"国务院特殊津贴"等荣誉称号。作为一名优秀的教师，他博学多才、平易近人，尤其擅长运用借题发挥的方法对学生进行教育。

1992 年，史玉海担任一个"乱班"的班主任。当他第一次走进教室时，上课的预备铃声已经响起，但他看到的是教室里的课桌椅被拼成了几个"摊子"，每个"摊子"的边上都围坐着好几位学生，正在挥舞着扑克，嘴里还不时地大声吆喝着，战斗得难分难解。看到新来的老师走进来，他们才恋恋不舍地停止游戏，大多数学生都若无其事地看着史老师不吱声。

这一幕使史老师原本愉悦的心情变得十分恼火，可是他并没有表露出内心的不满，而是微笑着望了望全班同学，开始了他的第一次讲话："同学们，作为新来的老师，让我发现的是你们对学习'54 号文件'的积极性都很高，你们知道吗？其实我在这方面也是很有研究的。"

他停顿了一下，面对学生略为放松又感到诧异的神情，史老师接着问大家："你们知道为什么一副牌由 54 张组成？为什么一副扑克牌要分成 4 种花色，而每种花色只有 13 张？扑克牌中有 K、Q、J 等人物形象，这些人物又分别代表谁呢？"

听到这样的问题，大家的脸上露出了热切、求知的表情。于是，史老师又简单地向大家介绍了扑克牌的由来、4 种花色的英文名称及其象征，以及 K、Q、J 等人物的有关知识，学生们一时都听得入了迷。

只见史老师话锋一转，不失时机地对大家说开了："你们想想，小小的一副扑克牌中就蕴藏着这么多的知识，可见，知识在任何地方都会有用武之地，你们说是吗？那么，大家是否愿意从今天起，跟着老师一起去遨游知识的海洋呢？"史老师这番话让大家有耳目一新之感，回应他的是一片热烈的掌声。

还有一次，当史玉海老师情绪饱满地步入教室上课时，却发现黑板未擦。他追问值日生陈明，陈明理直气壮地说："黑板擦被人弄散了架，没法擦。"史老师看看桌上那四分五裂的黑板擦，没有简单地责怪陈明不尽职还强词夺理，也没有立即追查弄坏黑板擦的"凶手"。当时他灵机一动，掏出自己的手绢转身擦出正中央一小块黑板，用红粉笔端正地写上"特别追悼会"，便放低音调讲起话来："同学们，我们最最要好的朋友，朝夕相处的一位好伙伴，今天不幸与世长辞了。现在，让我们借用一点时间，为他举行个简短的追悼会，以寄托我们的哀思。"待学生们好奇地环顾教室，未发现座位空缺，大惑不解之际，史老师这才指了指讲桌，切入正题："该伙伴的尸体已经停放在桌上，他的名字叫'黑板擦'。下面请全体同学集体讨论，为黑板擦起草一篇悼词。"

经史老师与学生们相互协调、互为补充，写成了这样一篇趣味盎然的短文：

黑板擦，性别不详，生于今年 3 月 1 日，同年 6 月 30 日不幸遇难，享年 0.33 岁。黑板擦生前一贯忠心耿耿，兢兢业业。上课时，他不动声色地待在讲桌上，当我们走出教室，他又跳上黑板，把它打扫得干干净净。他是如此的默默无闻，我们几乎忘记了他的存在。他待我们如朋友。而今我们失去了他，我们多么悲痛。我们将化悲痛为力量，好好学习，好好爱护接替他的工作的新黑板擦，做一个热爱集体、爱护公物的好孩子。尊敬的黑板擦，安息吧！

一篇声情并茂的悼文写成了。史老师趁热打铁，招呼全体肃立，读罢悼词，默哀3分钟。一次庄严、肃穆的特别追悼会结束了，一次教育学生爱护公物、关心集体的活动也随之完成了。

就这样，史玉海老师成功地运用借题发挥的沟通方法为自己开了一个好头，班里的学习气氛都很积极，师生之间的关系也非常融洽。对于学生制造的消极问题或麻烦，史老师善于上承下转，巧妙地借题发挥，从而避免了空洞的说教或严厉的指责，这样反而更能很好地触动学生，从而达到点石成金的教育沟通效果。这不仅让史老师赢得了学生们对他的信服和敬重，从中也体现了他的教育敏感、机智和艺术的光彩。

面对各种乱班现象，面对学生的大小错误，史玉海老师并没有用简单粗暴的方法加以解决，而是运用教育机制，借题发挥，使之从容、巧妙、新颖地加以化解，实在令人赞叹！不可否认，在师生交往中，往往会遇到令人讨厌又无可奈何的问题和尴尬的处境，教师既不能暴跳如雷、针锋相对，也不能视而不见、一味避让。

那么，怎么样才能做到遇事不惊不乱，轻松地从难堪的境地中解脱出来呢？心理学的研究成果表明：当学生出现一些消极的倾向时，他们对周围信息的反应就会特别的敏感，此时的思想矛盾也会特别尖锐，如果教师善用批评技巧，此时也是他们最易接受教育的大好时机。因此，老师与学生通过沟通来消除紧张气氛或局面的最佳方法不是硬碰硬，而是应该进行"柔性对话"。

我们要像史玉海老师那样急中生智，巧妙地借题发挥，以缩短教育的时空距离，从而产生奇迹般的批评效果。当然，老师在运用借题发挥的方法时，也要掌握两个要点：一是如何"借题"，二是如何"发挥"。借题要精髓、富有内涵，而且阐发的观点要与所借之题目一脉相承，一线相通。

一、自然地"借题"

在师生交流的过程中，老师要根据学生当时的谈话内容、心理因素和交流气氛，自然而然地介入"话题"，使学生消除生疏感、惧怕感，这样才有利于沟通的进一步深入。反之，如果老师对学生采取居高临下、盛气凌人的姿态，主观武断、不容反驳、质疑的态度，强迫他们接受自己的观点，那么势必会严重地伤害学生的自尊心，效果也会适得其反。

在世界杯足球锦标赛期间，有一位老师发现班上的学生在课余时间谈论的几乎都是马拉多纳、贝利……

某天，这位老师也介入了学生们的热烈闲谈中，他问学生是从哪里了解最新战况的。大家七嘴八舌地说是看《足球》报，看电视新闻，实况转播，听广播电台。其中还有几位学生说是通过互联网了解的，还一口气说出了几个有关的中文网站。当老师向学生推荐一个有名的网站时，他们兴奋之余还流露出一脸的无奈：英语不好，无法畅游其间，要老师提供东方快车之类的翻译软件。于是，老师趁机把话题引向知识与能力、前途与未来等问题上，鼓励同学们认真学好英语等基础课程，培养获取知识、信息的能力，以便更好地适应未来社会的需要。

这位老师通过自然地融入学生的谈话，从而拉近了师生的情感距离，给学生们留下了很深的影响，其效果不亚于一堂德育辅导课。

二、恰当地"发挥"

老师借题发挥时，要适当地发掘话题，巧妙地把事情引申到所要阐明的道理中，并把道理讲深讲透。反之，如果扯些无关的事来申斥、抱怨，甚至唠叨不休，那么，学生就会弄不清你到底反对的是什么，以至把那些东拉西扯的东西当成了指责。

有位大个子男生欺负一位小个子同学，两位老师采用了两种不同的处理方法。

甲老师：如果你是他，他是你，你被他欺负后是什么感受？或者另外比你个儿大的男同学打了你，你会怎样想？

乙老师：现在你还是学生，就动手欺负比你小的同学，那你将来步

第二章　巧用批评方法 ●●●●●

入社会很有可能会杀人，那时你就只有一条路可走了。

甲老师恰当地发挥，"就事论理"，起了提醒、关爱、帮助和批评的作用，而乙老师却盲目发挥，"抓住一点，带出一串"，极大地伤害了学生的自尊，这样的效果显然会使学生对老师产生反感，使学生的行为恶化，不能达到教育的目的。

三、掌握"借题发挥"的艺术

同样一件事，有的人说起来索然无味，有的人却能谈笑风生，让人听了既开心，又"顿开茅塞"。因此，在沟通过程中，老师可以巧妙地借用名人逸事、成语典故和笑话，自然过渡并触及学生思想中存在的问题，就能起到潜移默化的效果。

例如，有的学生不礼貌待人时，老师就借题发挥，给他讲了这样一个故事：

从前，有一位要去苏州的青年途中迷了路。走到一个三岔路口，他看到一位放牛的老人，便问道："哎，老头儿，从这儿到苏州去走哪条路？还有多远？"老人回答说："走中间那条路，到苏州还有六七千丈。"他奇怪地问："老头儿，你们这地方怎么讲丈不讲里？"老人说："从来了不讲礼（里）的人后，就不再讲里（礼）了。"

这一故事使学生认识到为人要讲礼貌，要想获得别人的尊重，自己就必须首先尊重别人的道理。

总之，老师要准确地把握好学生的思想和行为动态，抓住沟通的契机，巧妙地借题发挥，使他们从中受到启发，而不能坐失良机。要巧妙地借题发挥，使它化作一道彩虹，在师生间架起一座爱的桥梁。我们有理由相信，只要我们掌握好借题发挥的这一沟通技巧，师生之间的沟通与交流就会"行云流水"，水到渠成。

优秀教师的批评艺术

第三章 讲究批评的语言艺术

　　德国诗人海涅这样形容语言艺术："言语之力，大到可以从坟墓中唤醒死人，可以把生者活埋，把侏儒变成巨人，把巨人彻底打垮。"在我国，中华民族一直重视并提倡语言美，荀子就有"与人善言，暖于布帛；伤人之言，深于矛戟"之说。像"良言一句三冬暖，恶语伤人六月寒"之类的名言，我们也耳熟能详。教师被人们喻为"人类灵魂的工程师"，其魅力不光表现在学识上，在语言上也应作出表率。

第一节　给学生一点心灵鸡汤

2004 年 11 月 16 日的一则新闻引起了人们的广泛关注。由"中国少年儿童平安行动"组委会公布的"你认为最急迫需要解决的校园伤害"专项调查结果显示：在全国 29 个省、市、自治区的 1170 名少年儿童中，81.45% 的受访学生认为校园"语言伤害"是最急需解决的问题。

一般人会认为，校园伤害似乎多为意外事故等情况，而对学生的"语言伤害"一向被忽略。其实这种伤害比身体上的伤害更隐蔽，也更具有破坏性。

面对学生，我们的教师一定要少一些讽刺和挖苦，多一些耐心和友善，尤其是在学生"屡教不改"时，更要冷静、克制，别让"语言暴力"刺伤了学生的心！学生需要知识的滋润，也需要语言的关爱！来看一个案例：

程小君是一个不省事的家伙。他看似很聪明，学习成绩却一直上不去。在期末考试中，竟然有 3 门课没及格。家长会上，老师把所有学生的成绩作了通报，并特意"关照"小君的母亲："你们家这孩子无药可救了，他哪儿是读书的料啊……"程母闻听此言，差点气晕过去，回家后严厉地责骂了小君一顿。可小君却不动声色，成绩照旧一团糟，有几次甚至逃课不想去上学，程母为此伤透了脑筋。小君 14 岁时，一家人移民到了美国威斯康星州。父亲把他送到密尔沃基华盛顿中学去上学。

两个月后，小君的美国老师阿伦·比尼克突然拜访。原来，上周的数学小测验小君得了个 D，而且只做对了一道题。见到小君时，阿伦·比尼克用和蔼的语言对小君说："孩子，你非常聪明，我很欣赏你。""他还聪明呢，我看他笨得像头猪。就知道吃完了玩儿，玩儿完了吃。"程母说。小君则用怒目仇视着母亲。阿伦对程母做了个暂停说话的暗示，拉起小君的手，来到院子里，悄悄对小君说："我知道你一点都不笨，你有意气母亲，故意考低分是吗？"

小君诡秘地笑了："老师，你怎么知道？"

阿伦微笑着说："我知道你很棒，棒学生怎么会只做对一道题呢？"

小君突然把话锋一转："我母亲是个疯子！"

阿伦老师严肃地说："小君，不该这样说母亲！"

小君坚持："我爸爸也这么说！"

阿伦蹲下身子："好了，把那卷子重做一遍，让老师瞧一瞧，你到底会不会。"

"行！"小君自信地应着。老师把事先带来的那张卷子拿出来，安排在他的房间里做。

阿伦老师回到客厅，小君妈妈不时用纸巾擦拭脸颊上的泪水："这孩子快把我的肺气炸了，老师，他还有救吗？"

阿伦则回之以愤怒："你连自己的小孩都管不好！你简直笨到家了！"

程母讶然。

阿伦老师立即把语气缓和下来："太太，你不愿意听吧？连我们成年人都不能接受的语言，你天天都重复给孩子听，这类过分的言语刺伤了孩子的心。现在要拯救的不是孩子，而是你自己……"

"哦，我——我只是——"程母张口结舌。

"好了，请稍等片刻，我会让你看到我调教出来的孩子有多棒！"

半个小时后，小君一脸喜色地拿着卷子出来了，阿伦仔细批阅了卷子："很好，孩子，你的成绩是 A！我知道你是个好学生，你会做得更好的！"

一旁的程母见状惊讶万分，简直不敢相信自己的眼睛：这就是曾经被中国老师斥责为"无药可救"的小君吗？他居然可以得 A！

阿伦微笑着对程母说："夫人，我说过我的学生很棒，现在你相信了吧？所以请你以后不要再说他笨，他一点都不笨，相反的，他非常聪明！"

程母坐在那儿半天也回不过神来，要知道，在中国当孩子成绩不好时，说他笨是很正常的啊，为什么在美国老师眼里说这样的话反而不对呢？

阿伦道："对不起，夫人，我只想请你记住：孩子也需要心灵鸡汤！以后对他说话时，请客气一点！"

当中国老师习惯性地说学生笨时，可曾想过这样的话语会给学生造成什么样的伤害？一个中国老师眼里的笨学生却成了美国老师眼里的棒学生，是学生真的变了还是另有原因？其实就在于老师的语言上。

有句名言说得好："语言是最危险的武器，马剑刺的伤口要比语言刺的伤口容易治愈。"小君在国内时，或许只是年少贪玩而导致功课不佳。当然，他的中国老师的做法也值得商榷：仅仅因为几门课不及格，就说他无药可救，这样的话在小君听来会是什么样的感受？他能从话里听出老师的"良苦用心"吗？他能体谅妈妈的愤怒吗？事实上，小君表现的是加倍的叛逆：你说我笨，说我无药可救，那我就彻底做给你看，让你没话可骂。这样一来，老师的几句"恶语"，不仅没有起到应有的效果，反而把他推向了反面。倘若不是阿伦老师的鼓励，小君很可能就破罐子破摔了。

在美国，教师在取得执照前，必须学习许多有关教育的法律规定，其中包括应如何对待学生。伤害学生，包括肢体和语言伤害，都是违法的，会受到惩处，甚至送上法院。比如美国老师对学生说"你真笨"、"你肯定学不好"、"你没法及格"等，会因对学生人格和自尊心的伤害而受处分。而在我国，我们对"语言危害"却很少注意。个别老师在教学过程中恶言辱骂、诋毁，冷嘲热讽，打击学生的信心，伤害学生的感情，侮辱学生的人格，给学生的心理带来了无尽的伤害。两相对比，我们不能不反思我们的教育：难道我们就不能停止对学生的语言伤害，还学生一片洁净的语言天空？

现实情况中，许多学生心理承受能力太脆弱，面对一点点的挫折和批评便灰心丧气、走极端，增大了教育难度。所以，教师有必要使他们面对挫折时更加坚强，防止语言伤害是重要的方面。

教师要有意识地多与学生进行沟通，让学生理解老师的苦心，正确"消化"老师偶尔无心的过激言语，并引导他们由此及彼，正确对待别人的不良言语，这样才能使学生对客观实际抱有"客观"心理，以高于正常情绪反应的理性，取其合理、善意之处，忽略粗暴、糟粕之处，"宽容"且"怜悯"地对待外界的语言伤害。

如果将学生比喻成小树，体罚伤害的是外部的枝叶，而语言伤害损伤的则是根脉。枝叶折损还可以恢复，而根脉挫伤将直接影响成长。总之，无论是小学生、中学生还是大学生，他们在心理上还是相对不成熟的，他们的内心世界还是很敏感和脆弱的。教师应尽量给学生们一个安全洁净、充满爱与关怀的环境，让语言伤害远离我们纯洁的校园。

第三章 讲究批评的语言艺术

第二节　教师的口语特征

为了增强情感的效能，教师要使自己的口语具有强烈的感染力，力求亲切中肯、形象生动、活泼新颖、幽默诙谐，富有鼓动性和吸引力。教师还要注意交谈对象的情绪和情感特点，有针对性地选择口语，以增强语言的情感效果。

教育口语是实施德育教育的基本手段。教师应在教育实践中主动、自觉地研究自己的教育口语，使之独具风采和魅力。

一、幽默

幽默是生活的调料，是人类智慧的火花，是属于艺术性的口语。它能用生动形象、鲜明活泼、委婉、含蓄、风趣、机敏、确切的口头语言，友善地提出自己对现实问题的见解，使人们在愉快的情境中，欢乐的笑声中接受批评教育，从而改正自己的缺点和错误。

在教育学生的过程中，教师经常面临这样的问题：如何才能既指出学生的缺点，又不伤害学生的自尊心？因为如果处理不恰当，往往会因为一点小事发生冲突，影响师生感情的沟通，造成教育的失败。在这方面，我们看看前辈是怎么做的。一位教师由于了解情况不够，错误地批评了一位学生，这位学生当场辩解，教师也立即觉察到了自己的失误。面对教室里较为紧张的气氛，这位老师立即冷静下来，说："经调查，我们认为对某同学的指控不能成立。经本人慎重考虑后决定：接受该同学的上诉，撤销原判，为某同学彻底平反昭雪。"然后，这位教师把目光转向其他同学，认真而诚恳地说："今天我批评了某同学是因为自己了解情况不够，错怪了他。为此，我向某同学表示歉意。"这位教师通过使用法律公文式的夸张语言营造了幽默的氛围，避免了困窘场面的出现，从而又顺利地过渡到了和谐的师生沟通的情境。

　　幽默有时还可以用来给教师自我解嘲，以弥补自身一些本来无法改变的缺陷。

　　一位头发谢顶的老师第一次走进教室，下面就产生了一阵骚动。几个学生夸张地用手遮住了眼睛，还有人轻轻地说："真亮啊。"教师走上讲台，先朝着大家宽容地笑了一笑，然后以轻松的口吻说："虽然今天我们是第一次见面，以后的日子还很长。但我想先告诉你们一个秘密：我真的是一个'绝顶聪明'的老师！这一点大家以后一定会体会到。"聪明的学生马上理解了老师这番话的含义，大家用会心、和善的微笑接纳了这位新教师，并对这位教师产生了第一份好感。

　　再来看一个例子。一次，生物学家格瓦列夫在讲课时，突然有一个学生在下面学鸡叫，课堂里顿时一片哄笑。这时，格瓦列夫却镇定自若地看了看自己的挂表，不紧不慢地说："我这块表误事了，没想到现在已是凌晨。不过请同学们相信我的话，公鸡报晓是低等动物的一种本能。"格瓦列夫没有生气愤怒，而是用幽默的批评对学生起了警告作用。

　　这些事例告诉我们，幽默在沟通中有着不可低估的作用，它能使沟通的效果更趋完美。教育家米·斯维特洛夫说："我一直认为，教育家最主要的，也是第一位的助手是幽默。"苏霍姆林斯基说："如果教师缺乏幽默感，就会筑起一道师生互不理解的高墙——教师不理解儿童，儿童不理解教师。"国外早有研究表明，教师的教育沟通语言与教育学生的效果是有很大关联的，特别是幽默的艺术语言，更能大大提高教育沟通效果。

　　心理学家追踪调查发现，学生最大的愿望就是老师语言生动形象、风趣、有幽默感；学生最不喜欢的就是没有幽默感的老师。有幽默感的老师是随和又理性的，不会把自己的快乐建立在别人的痛苦上，以损人

第三章　讲究批评的语言艺术

自尊的伤人话语来逗趣取乐。有幽默感的老师会自我解嘲，会转移冲突，运用智慧巧妙化解问题。

那么，教师在与学生的沟通中，如何有的放矢地运用"幽默"这一润滑剂呢？

1. 趣从智生，怒息巧出

有一次，某教师走进教室，看见讲台上有一堆橘子，心中纳闷，橘子外观完好，但似乎不太寻常，就随口问道："这些橘子是做什么用的？"学生回答："请老师的！"教师含笑称谢，拿起一个来，不料橘子早已被掏空，改塞卫生纸。学生们哄堂大笑。老师一时僵住，但马上反应过来，幽默地说："哎呀！原来你们这么细心，替我准备好了橘子皮，这可是美容上品！值日生，替老师包好！是哪几位同学，下课后到我办公室，我要好好地谢谢你们！"学生们又是一阵大笑。课后，几个调皮鬼主动到老师办公室认了错。

2. 移花接木，无心插柳

有一次，魏书生老师刚走进教室，便发现有两个学生不知为什么正扭打在一起。全班同学的目光都望着他，看他如何处理，而那俩调皮鬼却浑然不见此情景，魏老师便幽默地说："同学们请继续欣赏这场十分精彩的男子双打比赛。"在同学们的笑声中，两个人不好意思地停了下来，老师又不失时机地补充了一句："同学之间应互谅互让，不要因一点小事弄得大家都不好意思。"

可见，"幽默"是一种能量，它能增进彼此的亲密度。"幽默"也是一个成熟者自信的表现，以幽默建立的师生沟通渠道，能收到春风化雨的效果。

二、委婉

心理学的研究表明，人们的认识和情感有时并不完全一致。在师生沟通中，教师的有些话虽然完全正确，但学生却因碍于情感而觉得难以接受，因此，直言不讳的效果一般不太好。如果教师把话语磨去些

"棱角",变得软化一些,使学生在听到话语时仍感到自己是被人尊重的,学生就能从理智上、从情感上接受你的意见,这就是委婉的妙用。

被誉为"当代牧马人"的曲啸老师一次到某市监狱为年轻犯人作报告,报告的题目是《认罪伏法,教育改造》。报告之前,曲啸了解到这些犯人大多有一种抵制心理:认为无论是谁的报告,无非是"大道理 + 小道理 + 训斥"。为了消除或减弱这种心理,曲啸老师绞尽脑汁地进行准备。报告一开始,曲啸老师称呼大家的是:"触犯了国家法律的年轻的朋友们……"这个称呼立即引起了全体罪犯的强烈共鸣,有的当时就掉下了激动的眼泪。

曲啸的这种语言可谓是"委婉称呼"的妙用:由于对这些年轻的犯人既不能称"同志",又不便直接称"××罪犯"。因此,使用这种委婉的称呼既明确了对方的身份,又起到了缩短双方心理距离的作用。

在向学生表达一些否定性的意见时,教师如果能使用委婉的技巧,就会使学生更容易愉快地接受。以下列举几种具体做法。

1. 使用一些语气词

例如,试比较:"你不要强调理由!"和"你不要强调理由嘛!""快对老师说实话!"和"快对老师说实话吧!"

用"吗、吧、啊、嘛"等语气词,可以使人感到你的说话口气不那么生硬。

2. 灵活使用否定词

例如,把"我认为你这种说法绝对错了"改为"我不认为你这种说法是对的",把"我觉得这样不好"改为"我并不觉得这样好"。

这样说话能把同样的意思表达得不那么咄咄逼人。

3. 以问代答

一位教师在听取班委有关春游活动的组织计划汇报时插话问:"为什么每个同学的经费预算这么高呢?能否再节约一点呢?"这种以询问的语气来表达自己的意见就显得比较温和而不强加于人。

使用委婉语的技巧一方面要选取对方最易接受的角度,另一方面也

要看对方的特点，因为不同年龄、素质的学生对语言的理解推断能力是不同的。

三、含蓄

在师生沟通中，有时因某种原因不便把某一信息表达得太清晰，而要靠对方从自己的话语中揣摸、体会出里面所蕴涵着的真正意思，这种"只需意会，不必言传"的手段就称为含蓄。

含蓄是教师高雅、有修养的表现，也经常表示出一种对学生的尊重。学生的年龄越大、文化程度越高，教师使用含蓄语的频率也会越高。含蓄在师生沟通中经常起到以下几方面的作用。

1. 暗表观点

一位大学生向心理学教师咨询，说他和一位女同学感情很好，可其他同学都说那位女生虽然品学兼优，但相貌平平，配不上他。为此，他心里非常矛盾。教师觉得这类事很难明确地表示意见，因此，只是问那位学生："你知道这句名言'人不是因为美丽才可爱，而是因为可爱才美丽'吗？"学生玩味着老师的这句话，心里似乎有了主意。

2. 巧避锋芒

有时师生之间在某些非原则问题上有不同看法，或者为了避免公开发表教师目前并不想发表的意见，教师可以用外交辞令式的含蓄语加以暂时回避，让学生留有保持自己意见的余地，也可避免引起不必要的冲突。一位教师在全班学生面前介绍一位因犯错误逃学而刚来报到的同学时说："由于大家都知道的原因，某学生终于在今天回到了自己的班级……"这种说法既不伤学生的面子，也没有被全班学生误解为包庇行为，甚至还包含着一些对犯错误学生的欢迎之意。

3. 暗示批评

有时含蓄的话语是为了对学生的不良行为从侧面敲击一下，使其注意，但不太伤害他们的面子。有几位学生在其他任课教师的课上捣蛋，课后，班主任找了他们来谈话。班主任只是说："班级打算开一次'尊师演讲会'，就请你们几位准备好上台演讲，作精彩的表演。"几位学生一听都脸红了，感到难为情，最后主动向教师认了错。

四、反语

反语就是用正话反说的方法进行批评。说得巧妙的反话，谑而不虐，含而不露，富有幽默感，可以推动联想，帮助领悟，在微妙的心理共鸣中达到批评目的。当然，正话反说不应该伤害学生的自尊心，它与嘲讽，挖苦有本质的不同。且看下面的例子。

几个学生躲着抽烟，教师说："今天我想说说抽烟的好处。吸烟至少有九大好处：第一，可防小偷，因为吸烟会引起深夜剧咳，小偷怎敢上门？第二，节省衣料，咳的时间一长，最终成了驼背，衣服可以做短一些；第三，可演包公，从小就吸烟，长大后，脸色黄中带黑，演包公不用化妆；第四，永远不老，据医学记载，吸烟的历史越长，寿命越短，当然永远也别想老了……"

通篇讲话，听起来是讲吸烟的"好处"，其实是在列数吸烟的严重危害。老师看似是一本正经地说笑话，却设置了一种心理相容的语境，对吸烟的学生进行了耐人寻味的严肃批评。这种诙谐的反语暗示了吸烟的害处，使学生在笑声中感受和理解了教师的用意。

当然，在表达技巧方面，正话反说时，重音和曲折调的应用是必要的。比如第一句"好处"、"至少"等词须加重读，"怎敢上门"须用曲折调，由此加强幽默讽刺的表达效果。在说服学生时，用反语来归谬，然后合乎逻辑地推出一个荒唐可笑的结论来，也很有效果。

五、模糊

请看电视剧《鲁智深》中的一段台词：

法师：尽形寿，不近色，汝今能持否？

智深：能。

法师：尽形寿，不沾酒，汝今能持否？

智深：能。

法师：尽形寿，不杀生，汝今能持否？

智深：（犹豫了）……

法师：……

智深：知道了。

鲁智深真可谓是善用模糊的高手。同样，在师生沟通中，有时会因某种原因不便或不愿把自己的意见表达出来，这时，教师可以采用模糊的口语技巧，把输出的信息"模糊化"，使沟通留有余地。

比如，有学生反映班上一对男女同学像是在"早恋"。老师在没有彻底弄清情况前，没有急于作出反应，只是对反映的同学说："我也注意到了一些反映，不知是否真是这样。请你们不要再谈论此事，不管怎样，我会按照我一贯的原则来处理好的。"老师表面上的轻描淡写和模糊说法，避免了学生把事态再扩大，有利于今后教师谨慎、正确地处理此事。当教师对学生的一些事情的真相未了解清楚，特别对突发事件的前因后果尚不明朗时，运用模糊语能给教师留下主动性和灵活性。

六、沉默

在与学生带有说服性质的谈话中，教师的适时沉默会体现出一种自信心和力量感。因为沉默能迫使对方说话，而缺乏自信、心虚的人往往害怕沉默，要靠喋喋不休的讲话来掩饰内心的忐忑不安。在师生面对面的交谈中，如果学生心有旁骛，注意力不集中，教师的沉默能起到一种提醒、集中学生注意力，迫使他们认真参与谈话的作用。

一个学生迷上了电脑游戏，有时还缺课，家长也拿他没办法。一次，教师总算在一家电脑游戏房里找到了他。看到他后，教师一言不发，只是用严肃的眼光默默地盯着他看，学生感到心里发虚，闷声不响地跟着教师回学校去了。路上，两人谁也没说一句话。以后的几天里，教师也没有找那位学生谈话，可是学生自己却一直心事重重。一个星期后，这个学生自己憋不住了，他主动找到了教师："你什么时候批评处分我啊?"教师说:"现在你不到游戏机房去了,让我批评你什么啊?"这时,学生才如释重负地笑了。事后,这个学生对别人说:"如果当时老师骂我一顿,我可能很快就忘记了,可老师越是不吭声,我自己心里想得越多。也许我一生都不会忘记当时老师的那种眼神。"

沉默时表情要严肃、眼神要专注,使学生在沉静、严肃的气氛中感觉到教师的不满和责备,产生一种心理压力,并在自我反省中检查领悟自己的不足或过错,从而达到"无声胜有声"的效果。当然,运用这种方式要把握时间的长短,要适可而止。

教师跟一些经常沟通的学生,如班干部等,在沉默中传递眼神互相已达到了"心有灵犀一点通"的地步。因此,这种无需多言的沟通方式能大大提高师生沟通的效率。

第三章 讲究批评的语言艺术

第三节 避免错误的语言

在教学中，学生犯错误的事是常有的，对学生的缺点错误，有经验的老师，总能保持稳定的情绪，平心静气地和学生讲道理；但是，也有一些缺少经验又脾气暴躁的老师，往往感情失控，大发雷霆，说起话来犹如炮弹出膛，全不顾及后果，结果，不仅问题得不到解决，反而产生更多的麻烦。我们把师生沟通中教师常见的语言错误划分为四类，应努力避免这些错误。

一、发号施令型

发号施令型的语言总是告诉学生：作为一个学生，他"应该"怎么做、"必须"怎么做、"最好"怎么做、"可以"怎么做。发号施令型的教师认为，通过这样的语言可以向学生传递解决问题的办法，期望学生最好能无条件地接受。它也是许多教师最喜欢使用的一种语言。发号施令型语言具体可以分为四种：

1. 命令

例如，"坐下！不许动，现在轮不到你说话，等到你得到了原谅再说。""不许再哭，这里不是你家！""你给我离开教室！"

这种语言使人感到：学生的感受、需求或问题并不重要，他们必须顺从教师的感受与需要，并有可能产生对教师权威的恐惧感。这是教师单方面发出的语言信息，学生的情感或需求没有得到尊重，因此，学生有可能对教师产生怨恨、恼怒和敌对的情绪，比如顶撞，抗拒，发脾气等。

2. 威胁

例如，"如果你们这次不交齐作业，我就要罚你们再抄 10 遍书！" "如果你再不改，我就打电话给你的家长，叫你的家长来见我！"

这种语言首先是命令，然后是告诉学生不服从的后果是什么。这种语言可能使学生感到恐惧和屈从，也可能引起学生的敌意。学生有时还可能对此作出与教师期待相反的反应："好啊，不管你说什么，我都不在乎，看你把我怎么样！"更有甚者，做一做刚才被警告过的事，好看看教师真的是否言出必行。即使教师真的采取了叫来家长等措施，学生的态度一般也不会有所改变。他们只会更加反感，起码也会保持消极状态的沉默，与教师、家长不做任何交流。

3. 强加于人

例如，"昨天晚上你有没有照我的话去做功课？你知道如何来安排时间吗？让我来告诉你……" "今天找你来，是要与你讨论你这次考试失误的事情。经过我对你的试卷分析，我发现你存在的问题是粗心。你说是吗？记住：下次考试要细心！" "好，我的话讲完了，你可以回去了！千万要记住我的话，别再粗心！"

"强加于人"实际上也是微妙地下命令，但是它可以更巧妙地隐藏在貌似很有礼貌的、富于逻辑的陈述中，但讲话的这一方只有一种心态：你是我的学生，所以必须按照我的观点来做。因为不给对方发表自己意见的机会，因而这类谈话进行得很快，学生也根本没有时间表达自己的想法，从而会感到自己的权利被剥夺。长此以往，学生还会产生一种"老师总是认为我不行，有着改也改不完的许多缺点"等压抑感。

4. 过度忠告

例如，"如果我是你，肯定不会像你这么做。" "考试的时候一定要先做容易的题目，再做难的题目。"

这样的语言信息是在向学生证明：教师不信赖他们自身解决问题的能力。其后果往往会使学生对教师产生依赖心理，削弱他们独立判断的能力和创造力。过度忠告也意味着教师的一种自我优越感，容易引起追

求独立的学生的反感。有时这种语言信息还会使学生感到被误解，甚至这样想："如果你真正了解我，就不会给我出这种又馊又笨的主意。"

二、傲慢无礼型

傲慢无礼型语言可以分为以下三种。

1. 训诫

例如，"你是个初中生了，应该知道什么是对的！否则得到小学去回炉了！""你应该很清楚写字必须用什么样的姿势。"这种语言表达了一种预先设定好的立场，使学生感受到与教师之间地位的不平等，感受到教师在运用教师权威，导致学生容易对教师产生防卫心理。

这类语言在向学生表达：老师不信任你们的判断能力，你们最好接受别人所认为的正确判断。对于年级越高的学生，"应该和必须"式的语言越容易引起抗拒心理，并导致他们更强烈地维护自己的立场。

2. 标记

例如，"我发现班上一有麻烦，总有你的份！""我早就知道你不行！因为你太懒惰。"

这种语言一下子就把学生打入了"另类"，最容易令学生产生自卑感或"破罐子破摔"式的消极心态。面对教师这样的标记式语言，学生会感到自尊心受到了损害。为了维护自己的形象，他们以后就会在教师面前尽量掩饰自己的想法和情感，不愿将内心向教师敞开。一项调查表明：学校中最得不到学生尊重的教师，是经常给学生打标记的教师。所以，教师对此必须特别注意。

3. 揭露

例如，"你这样对抗老师无非是为了出风头！""你心里想什么我还不知道，在我面前你想玩什么花招！""说几句认错的话就想蒙混过关？其实是害怕我给你爸爸打电话吧？可我今天偏要给你爸爸打电话！"

其实，教师让学生知道"我知道为什么"，"我能看穿你"并不是件好事。因为如果教师分析正确，学生会由于被揭穿而感到窘迫或气恼。而如果教师分析不正确，学生也会由于受到诬赖而感到愤怒。他们常常认为教师是在自作聪明，自以为能像上帝一样居高临下地洞察所有学生的内心，感觉莫名其妙地好。

三、讽刺挖苦型

讽刺挖苦型语言可以分为以下两种。

1. 暗示

例如，"你讲话的水平真高啊，也许以后会有人请你当我们学校的校长。""临近高考你还在玩，真是胸有成竹啊，看来你一定会考上名牌大学。""《西游记》刚刚演完，我们可以开始上课了。"

这类语言虽然相对说来比较温和，但效果往往很差。

原因之一：由于学生年龄较小、注意力不够集中或认为不关自己的事等，大多数学生并不能够透彻地理解这些暗示，所以有时教师会感到自己是在"对牛弹琴"。

原因之二：哪怕有些学生明白了教师话语的部分含义，也会觉得教师说话如此拐弯抹角而有失坦诚，觉得教师"太做作了"，从而失去了对教师的信任。

原因之三：即使学生听出了教师的"话中之话"，也只会对教师的说话动机和人品做出鄙夷性的评价。

2. 中伤

例如，"你的字写得太好了，龙飞凤舞啊。我的水平太差，实在看不懂！看来要请你的爸爸来教我看。""你以为你是爱因斯坦吗?""怎么这么热闹，看来全班同学都缺钙啊！"这类话语一出口，就流露出对学生的明显鄙视，还带有一些人格侮辱的成分在内。

对这类中伤性的语言，学生会非常反感。他们即使当面不敢说，心里却会反击："你有什么资格来消遣我。看你说活的样子，哪像个老师！"

教师在使用讽刺挖苦型语言的时候，是希望学生听懂这些话中的弦外之音。他们认为这是一种较为温和、较为"高雅"的表达方式。这类语言的潜台词是："如果我们把话挑明你们就会不喜欢我。""跟你们坦白太危险了。""我是有水平的教师，不会像你们这群傻瓜那样直筒子式地说话。"讽刺挖苦型语言对学生的伤害也非常大，因为这类语言的深处隐藏着的是对学生的厌恶和鄙视。

四、隔靴搔痒型

隔靴搔痒型语言主要有以下两种。

1. 空口"安慰"

例如，"不要难过！太阳每天都是新的，明天你就会好起来。""不要着急，你还年轻，人生之路长着呢。""回去休息休息，一切都会好起来。"

在这些并不能解决实际问题的、没有意义的安慰中，隐含着一丝"哀其不幸"式的怜悯感。因此，学生会感到双方并没有站在平等的地位对话，而自尊心越强的学生越不喜欢教师这样的讲话方式。

2. 泛泛之辞

例如，"总的看来，你是一个好孩子。""我也不知道对你说什么，你自己好自为之吧。""你需要发扬优点，改正缺点。"

这种泛泛而论的评价过于简单，对于学生的成长根本无益。学生也会怀疑教师是否真正关心自己。当教师安慰一个痛苦的学生或学生急切地要求教师对自己有所帮助时，隔靴搔痒式的语言会让学生非常失望，进而他们就会对教师产生无能、自私、冷漠等不良印象。如果学生经常听到教师说此类话，还会怀疑教师是否一直在敷衍自己，对自己毫无爱心。长此以往，师生关系就不会融洽，隔阂将会加深。

许多成人在回忆往事时，经常会提及学生时代若干印象深刻的事情。他们也许会说，当时是老师一次意味隽永的激励使自己受益一生；但也许会说，当时是老师的一句话深深地伤害了自己，成了自己"永远伤心的理由"。教师不能轻视自己的一言一行，不能在学生中成为被通缉的"杀手"，因为你面对的是一个个活生生的、年轻美丽的生命。

第三章　讲究批评的语言艺术

第四节　肢体语言的运用

陶行知曾说："演讲如能使聋子看得懂，则演讲之技精矣。"

我们通常运用的都是口语沟通，但有时一些特定的身体态势可以部分地代替言语行为。比如，有时教师可用竖起大拇指、放松的手势，简单地招手、击掌、轻拍肩膀等来补充口语信息，这些都传达着承认、接纳的信息。

在很多特定的情境下，如果老师能有效地运用好各种肢体语言来传情达意，往往比有声的语言更便捷、快速、有效。

例如，老师在上课时，看到学生在下面搞小动作，这时，老师可以有三种不同的处理方法：一是停下讲课，大声批评；二是假装没看见，听之任之；三是若无其事地走到该学生座位前，一边讲课一边用手轻轻拍拍学生的肩膀，从而制止学生的小动作，使其专心听讲，同时又没有打乱课堂的教学进程。无疑，第三种是最恰当的。老师用动作代替了口头批评，不费口舌、不动声色，也不影响教学，真可谓"经济实惠"的教育方式。

根据英国心理学家阿盖依尔等人的研究，当语言符号和肢体语言符号所代表的意义不一致时，人们相信的是肢体语言所代表的意义。在信息传递的全部效果中，有7%是词语，38%是声音，肢体语言沟通所起到的效果则达55%。因此，任何一名优秀的老师都应该学会恰当地运用肢体语言。

对学生而言，老师的一举一动，一颦一笑，说话的语气声调，面部的表情气色，都在向学生传递信息。

在一次体育课上，体育老师发现，在 50 多双小手中，有一副米黄色的手套。老师试图用眼神暗示那位戴手套的学生摘掉它，但是二人的目光怎么也碰不到一起。于是，老师安排了一个小游戏：手指做加法。老师伸出 5 个手指，所有的学生都快速伸出一只手，和老师凑 10，只有她面朝老师，手背在后边。老师满含爱意地冲她一笑。当老师再一次伸出手做游戏时，她伸出了摘掉手套的小手。

老师和这个学生之间的秘密无人知道。因为只是一个眼神和一个充满爱意的微笑，以及老师特意安排的手指游戏，就达成了一种默契，实现了师生间的沟通，学生马上就知道该怎么做了。

肢体语言包含面部表情、身体接触、身体姿势和手势等。现在，我们着重说明老师与学生交谈、沟通时主要肢体语言的运用。

一、面部表情

面部表情能传达热诚、认真、快乐和赏识的信息，也能传达厌烦、烦恼及放弃的情绪。

表示关注、饶有兴趣：眉毛微微上扬、双眼略睁大，常伴口部微张、嘴角上翘呈微微笑意。

表示亲切、友善：双目微眯、嘴角微翘、面露微笑。

表示满意和赞扬：眼睛略闭，嘴角上翘浮出微笑，明显地赞扬时还伴有点头的动作。

表示询问及疑问：眉毛上扬、眼睛略睁大、嘴微微张开，与表示关注的表情相似，但只是去掉了微笑而代之以疑惑的嘴形。

表示严肃认真：眉毛微皱，双唇较紧地抿在一起，眼睛略略睁大。

二、手势

有经验的教师会使用许多不同的手部信号来鼓励和制止学生的某种行为，用以维持学生的注意力。例如，伸出手掌表示"停止"，掌心向上并上伸手指表示"继续"，把手指放在唇上表示"安静"，以手指击

出声音表示"注意"，而竖起拇指表示"赞同"。

常用的手势语有如下一些：

大拇指的运用。向上跷起大拇指，意味着肯定、称赞、首屈一指等意义，用时必须和面部表情密切配合，否则有应付或讽刺意味。但切忌用大拇指指向身体外侧并晃动几次的手势，因为这一手势表达严重的蔑视，同时会大大损害教师本人的形象。

食指的运用。最常运用的是静止性食指体态语——食指靠近嘴唇并与嘴唇交叉成十字形，表示"请安静"，"不要出声"的意思。这个手势意味着一种善意友好的制止，学生一般是会接受的。但切忌用食指向学生作斥责性的上下点动。

手掌的运用。单手上抬、指向某学生，可表示介绍、请求发言的意思。双手上抬、掌心向上，除表示起立外，在与学生谈话时可表示自己的诚恳和可信任。亲切温和地招手，恰到其时地带头鼓掌等都是积极的体态语。而讽刺性地鼓倒掌、宣怒性地拍桌面都不会收到好的教育效果。

双臂倒背。据观察，倒背双臂会让学生感觉到教师的威严。因此，教师在一些适当的场合，比如监考、巡视学生做课堂作业时可以适当采取这种体态。但是在一些场合教师不应采取这种体态。比如和学生个别谈话时，不应把双臂倒背起来，因为这样做会给学生一种高高在上、盛气凌人的感觉，学生心理上会生产一种压力。

双臂抱肩（双臂交叉于胸前）。对于教师来说双臂抱肩是一种消极性体态语，在教师的教学教育活动中不宜使用。尤其是当教师与学生之间发生不快的时候，这种体态尤其不宜，因为这时双臂抱肩会给学生一种被蔑视的感觉。当然，这种体态并非完全是消极的，有时给人一种休闲自在的感觉。比如辅以微笑，有时也能给学生平易近人、和蔼可亲的感觉。

双手叉腰。这种体态是一种富于进攻性的体态，给人的感觉是咄咄逼人的气势。当教师的讲话是直接针对在座的某一个学生时，建议最好不要采取这种体态，因为这种体态容易造成对其心理的严重伤害。但是，当教师的讲话是针对令人气愤的第三者的时候，这种体态会有助于教师感情的表达。例如，谈到社会上某种丑恶现象，讲到激昂时，不妨采用这种体态，并辅以其他体态，以增强讲话的感染力。

双手插兜。把一只手或双手插入口袋，对于教师来说，这是一种消极性体态。这种体态给人的印象是随意。如果双手插兜的同时，其他体态同时表现出无精打采的话，那么，总的印象将不是随意，而是懒散了。所以，教师在教育教学活动中应尽量避免使用这种体态。

此外，拍拍肩、摸摸头都是手势语，这种肢体语言会让学生感到亲切，有助于打开学生的心扉。

三、其他肢体语言

身体前倾。在听学生说话的时候，教师上半身前倾，会给学生一种认真听取的印象。

腿部抖动。有的老师讲话时，喜欢一脚踏在讲台的横木上且不停地抖动；采取坐姿时，将一条腿搭在另一条腿上，不停地抖动。这是一种不好的体态。在成年人中，这种腿部抖动动作比较常见，但作为教师，则应尽量避免，因为它会给学生留下轻浮、不稳重的印象。

总之，老师要根据自身的特定条件，发自内心地、自信积极地运用自己的肢体语言，并不断有意识地学习和训练自己，练就传神的一举一动。

第五节　让微笑绽放开来

　　很多人在提到教师时，总会与严肃、不苟言笑联系在一起。其实，微笑的力量才是无穷的。捷克教育家夸美纽斯曾说过："孩子们求学的欲望是由教师激发出来的。假如他们是温和的，是循循善诱的，不用粗鲁的办法去使学生疏远他们，而用仁慈的感情与言语去吸引他们；假如他们和善地对待他们的学生，他们就容易得到学生的好感，学生就宁愿进学校而不愿停留在家里了。"如果教师每天给学生以灿烂的微笑，会让学生的身心感到愉快，智能得到发展，从而喜欢与老师沟通。

　　英国诗人雪莱说过："微笑，实在是仁爱的象征，快乐的源泉，亲近别人的媒介。有了笑，人类的感情就沟通了。"当教师向学生微笑时，实际上就是以巧妙、含蓄的方式告诉他，老师喜欢他、尊重他，在关注和支持着他。这样，教师也就容易博得学生的尊重和喜爱，赢得学生的信任。来看一则案例：

　　小丽性格内向，还喜欢拖欠作业。对于这个学生，李老师早就给予了关注，但一直苦于找不到沟通的机会。就在李老师发愁时，小丽却破天荒地写完了一次作业，李老师抓住时机，在课堂上马上大加表扬。害羞的小丽低着头，偷偷地笑了。李老师立刻将这个看似平常的笑容放大化，让全班学生掌声鼓励，这给了小丽勇气，她终于把头抬了起来。当她看到李老师用和蔼、亲切的笑容望着自己的时候，心中涌上了一缕温暖。之后，每当小丽有了什么进步，李老师都微笑着鼓励，并适时地提醒她不要忘了写作业。老师的微笑促发了小丽努力向前的动力，她敢于发言了，作业也完成得越来越好，因为她要用这些成绩来回报老师的微笑。

看看，这么一个小小的微笑在师生沟通中能起到多么大的作用。

但是，有些老师却一直信奉"严师出高徒"这一理论，因此总喜欢板着脸，以一副冷面孔面对学生。比如，有一位教师对学生非常严厉，上课时只要有一个学生讲话，就给予批评。因此，这个教师每次上课，教室里都很安静。时间一长，这个教师感到有点不对劲，觉得课堂上太沉闷了，死一般的沉寂。怎么回事呢？这名教师开始思索。

于是，第二天，这名教师带着微笑出现在课堂上，学生们的眼中都充满了猜疑。当这个教师微笑着鼓励每一位学生发言时，学生感到十分惊异。课后学生们三五成群地聚在一起议论着什么。在以后的课堂上，他总是以亲切的笑容面对学生，给他们讲个小故事或小笑话，逗得他们开怀大笑。时间一长，学生开始愿意与老师交谈、沟通了，他们的脸上开始有了笑意，课堂上的气氛也渐渐地活跃起来。

在学生取得成功时，老师要学会用微笑送去欣赏；在学生感到失落时，老师要学会用微笑送去鼓励；在学生犯错时，老师要学会用微笑送去宽容。

微笑是一把闪闪发光的金钥匙，能开启教育成功的大门，帮助学生茁壮成长。微笑是春天里的一粒花籽，初开的时候似乎很小，但待到收获季节，你会惊讶地发现：付出不多的东西，也可以有如此大的丰收！社会在飞速发展，现代学生思维多变，这就要求我们教师变通管理观念，改进工作，提高师生沟通交流的艺术。但有一点是永恒的，那就是教师在学生中间，脸上应该经常带有微笑。那是充满热切期待的微笑，是表示肯定、赞许的微笑，是娓娓而谈时流露的真诚自然的微笑……

日本有一项心理测试显示，许多学生认为，最温暖最亲切的笑是"教师的微笑"。因此，我们应该把"微笑"作为教师的职业表情。教师的微笑应当是真诚的、自然的，不能有半点矫饰，应该"情动于中而形于外"。只有热爱教育事业的人，处于学生之中才会有发自内心的微笑。那种勉强牵动面部肌肉做出来的微笑，会使学生觉得虚假。微笑

能激发感情，愉悦身心，缓解矛盾。在任何场合、任何时间、任何地点，微笑都能如魔力般产生"神奇"的沟通效果。

当教师面带微笑走进教室，学生的思维就会被教师的微笑所点燃。微笑如同煦暖的阳光，能融化冰雪；微笑如同清新的春雨，能滋润方物。微笑的作用不可小觑，简单说来，微笑可以有以下几大效用：

一、微笑是一种有效的教育沟通手段

教育沟通活动，从一定意义上说，依赖于师生间相互情绪的同步效应。懂得教育艺术的经验老师，常常用"微笑"产生的力量抹去学生心头自卑的阴影，促使他们产生奋发向上的勇气和力量。教师的脸是学生的另一本书，他们能敏锐地从这本"活"书上读到许多无须用语言或文字表达的东西。

二、微笑会树立教师威信

有些教师面对学生时，对自己的笑容吝啬得很，他们整日不苟言笑，面部常常是阴到多云，他们担心经常微笑会降低自己的威信，会使学生觉得这样的教师软弱可欺。作为教师，为什么要把自己置于学生对立的地位呢？其实整日表情冷若冰霜的教师，并不能在学生中树立真正的威信。

事实证明，教师常带有微笑是一种沉稳、自信的表现，会赢得学生更大的信任，这样，教师的形象会在学生的心目中更加美好。学生信任教师，才会敞开心扉，与教师交流。

三、传递老师对学生的评价

老师的微笑，是一种无声的语言，能够准确传达各种不同的心态和情感。特级教师孙双金到外地执教《我的战友邱少云》一课，当他风尘仆仆地来到学校后，不顾旅途疲劳，走进教室上课。他一见到学生，带着倦意的脸上立即露出亲切的微笑。他的第一个问题是："今天上课

与平时有什么不同?"学生们踊跃发言。听后,孙老师的脸上绽开了明朗的笑意,赞道:"啊,你们真了不起,比我们江苏的小朋友聪明多啦!"这种赞扬听起来有点虚,但却增强了学生的自信,缩短了教师与学生的距离,为活跃课堂气氛、顺利开展教学活动起了很好的作用。

身为教师,要让学生时时感受到微笑的魅力并不难,以下几点方法或许能给我们一些启示:

一、多练习,学会微笑

长期有阶段地发"E"的音,让自己的嘴巴拉到最宽,平时保持脸带微笑就可以了。放一面镜子在你的办公桌上,上课之前对着镜子练习三遍微笑。同时,教师应保持一种开朗、乐观向上的心态。相信没有一个学生会喜欢老师脸上那种勉强挤出来的苦笑,因此,我们的脸上时时充满的,应该是一种发自心底的微笑。

二、当学生取得点滴进步时,送上一个微笑

有时候,学生或是答对了一个问题,或是某次考试得了优,或是在比赛中表现不错,但依然希望老师能对他的行为有所肯定。这时一个赞许的微笑就能让学生从心底感受到被赏识的喜悦。

有一位学生在给老师的新年贺卡中这样写道:"老师,最难忘的是您那迷人的笑容,您的微笑是那么亲切,那么温柔。它像三月的春风,吹过柳梢,拂过心田,融化了寒冬的坚冰,吹醒了沉睡的春天。在您的微笑中,我们更会想了,更会说了……"

这说明学生喜欢老师的微笑,因为老师的微笑是一座桥,能沟通教师与学生的心灵之河;老师的微笑是一剂良药,可以医治学生心中的伤痛;老师的微笑是一种无形的催化剂,能增强学生的自尊心、自信心、上进心。

再顽皮的学生,再喜欢挑错的学生,再怯懦的学生,再自卑的学生,都不会拒绝善意的微笑。

第三章　讲究批评的语言艺术 •••••

第四章　用表扬代替批评

当今社会，独生子女多，在家里多数是娇生惯养，脾气古怪，自暴自弃。再加上现在的市场经济和社会不良风气等，对学生的思想也产生一定的消极影响，他们表现出来的思想是多方面的，思想活跃，接受信息快。因此，如果学生在接受教育过程中，老师动不动就批评他们，这样不仅不会取得良好的效果，相反，还会惹学生反感，甚至会产生报复、与老师作对等心理。

教育家陈鹤琴说："无论什么人，受激励而改过，是很容易的，受责骂而改过，是不大容易的，而小孩子尤其喜欢听好话，不喜欢听恶言。""数生十过，不如赞生一长"，学生多喜欢听表扬话，不愿听批评话，甚至一听批评就心理逆反。因此，我们在批评其不足之前，应真诚地赞扬他的进步，或者巧妙地用赞扬其进步代替批评其不足。

所以在这一章里，我们将向广大教师介绍一些表扬的原则、方法和技巧等问题，以便教师能够更顺利地开展教育工作。

第一节　实施表扬的原则

一、奖励内部动机为主原则

此原则来源于心理学中著名的"德西效应"。心理学家德西在实验中发现：在某些情况下，人们在外在报酬和内在报酬兼得的时候，不但不会增强工作动机，反而会减低工作动机。此时，动机强度会变成两者之差。人们把这种规律称为德西效应。

根据德西效应，教师在奖励和表扬学生时，要运用"奖励内部动机为主"原理，使学生更关注自己的成长。平时，教师要仔细观察学生的个性和特长，一旦发现学生的良好行为并给予褒奖时，要注意引导他们朝自我成长的方向发展，而不要引导他们仅仅去谋取一些物质上的"蝇头小利"。

例如，对表现好的学生，如果有体育才能，可以推荐他们参加球队；如果有文艺才能，可以推荐他们参加乐队、合唱团、舞蹈团，或为他们举办演出等；如果在写作、发明创造等方面有成果，可以为他们举办成果的公开展示等。

二、延后褒奖原则

西方人称此原则为"老祖母的原则"。意为：先好好吃完晚餐，然后才可以吃甜点。

心理学告诉我们，一旦驱使你去做某件事的诱因消失之后，即使有再好的意向也难以实现。因此，教师要设计好让学生表现出良好行为的

诱因和方法，使学生先全力以赴地做好一些他们该做的，然而又有一定难度的事情，最后才能得到表扬或奖励。

把对学生有吸引力的目标分解为近期、中期和远期三种，让他们明确地朝着这些目标去努力，是激励学生行之有效的方法。要让学生记住，天下没有白吃的午餐。或者，太早得到的葡萄一定不够甜。

三、公开与私下双管齐下原则

对一些低年级的学生，公开奖励、表扬的效果较好。因为根据教育心理学的研究，这个年龄阶段的学生觉得大人对自己的评价是非常重要的。

而对一些高年级的学生，教师在他身旁低声的称赞可能比在全班面前的表扬更令他感到愉快，因为这样做可能会避免他陷入被同学议论、讥讽的尴尬境地。

除与学生个别沟通时教师可私下表扬外，有时在人多的场合，教师同样可以在走动中使用耳语、轻声告白等办法表扬学生。甚至教师一丝欣赏的微笑，一个赞许的眼神，学生们也大都能心领神会。

对有些带有导向性、典型性的良好行为，教师应有意识地公开加以奖励或表扬，因为"榜样的力量是无穷的"。

四、表扬与奖励相结合原则

当口头表扬不能起到很好的效果时，可以配以适当的物质奖励，以满足学生对于物质或精神上的某种需要。当然奖品不要太俗气，可以用来帮助学生解决学习和生活上的问题，还有奖品最好能别出心裁，独具匠心，不能使学生在乎奖品物质的钱的多少，而要使学生产生一种荣誉感而高兴，从而产生积极向上的动力。当然，物质奖励的次数不能太多太滥，一般在学期开头或期中考试以后进行，以总结的形式进行表扬与奖励，这样的效果会更好一些。

优秀教师的批评艺术

五、表扬与批评相结合原则

人都喜欢听好话，不喜欢听批评的话。学生进步了、改正缺点了，希望听到老师特别是自己所喜欢的老师的表扬与称赞，但是表扬多了，也会滋生学生的优越感，长此以往，使他们只能听得表扬的话，听得赞扬的话，而听不得批评的话，这对他们的健康发展非常不利。一个人不可能没有缺点，有了缺点就要认真接受批评，并坚决改正，但是如果学生不能听批评的话，又何谈认识错误、改正错误呢？所以表扬也要实事求是，不能因为这个学生其他方面表现好，而放任他的缺点和错误，既要指出其优点，又要指出他的缺点或错误。

六、尽可能公平一致原则

教师在奖励或表扬学生时，有时会由于一些因素而影响公平性和一致性。如：

1. 个人的心情

心情好时，教师乐观、敏感、行为主动；心情不好时，则悲观、迟钝、行为木讷。

不管个人心情如何，教师一与学生接触，就应像演员进入角色，因为这是教师起码的职业道德。否则，学生就会经常为这样的问题而困惑："昨天，某同学是因为某种行为得到了老师的表扬，而今天我也有相同甚至更好的表现，可是老师却为什么熟视无睹？"

2. 对不同同学的好恶感

对不同的学生，只要有相同的良好表现，都要给予及时的褒奖。

第二节　表扬的几个注意点

一、表扬重点是行为而不是人格

心理学家认为，从小培养学生独立自主的人格是非常重要的。如果教师和学生交往时经常就一些小事任意涉及他们的人格，就会使学生认为自身的价值必须依附在他人给予的赞同、不满等评价上，影响他们整个身心的发展。

请比较下面的实例：

正例：

这篇作文的水平很高，它对中学生的心理有深刻的描绘！

最近你的作业做得很认真，字迹也端正了，我会在学生联系册上告诉你的家长。

反例：

老师觉得你很了不起，文章写得这么棒！

最近我认为你变成了个好孩子。

同样，在课堂上面对着全班学生时，老师不应该对一些能正确回答问题的学生随便说："很棒！很聪明！"因为其他未能回答出问题的学生一听后很可能会感到自己"很差、很笨"。

这时一般的口语策略通常是"不错、正确、答对了"等中性反应，这些反应没有附带对学生人格的评价，教师可以放心使用。

二、表扬要及时

当学生在某些方面表现出色、有进步、有改变时，就应当及时予以表扬，以满足学生渴望获得被老师和同学肯定和欣赏的情感心理，使其不断产生追求进步的动力，否则时过境迁，再表扬时可能收不到良好的效果，甚至会产生消极的作用。为此，教师在发现某个学生有进步时，除了在周记中肯定学生的进步外，还非常及时地利用早读时间或者其他时间，总之是在"第一时间"对有进步的同学予以表扬，同时号召全班同学向他学习，在改正缺点或错误中不断进步。

三、表扬不能太廉价或过度

教师太廉价或过度的奖励和表扬经常会起反作用，这是因为：

1. 会使学生觉得老师不是真心的，而只是一种惯用的手段。

心理学告诉我们，如果一种刺激持续时间太长，人们就会因为"适应"的缘故而变得不再敏感。因此，教师虽然说不上必须"惜褒如金"，但也应该适当注意奖励和表扬的"发行量"，从而保证你说话的"含金量"。

2. 如果老师对学生的一些好行为感到太惊讶，学生会理解为反面的不良行为也不会很严重，而且这类行为很快就会发生。

试看这样的表扬：谢小强今天非常好，20 分钟里都没说过一句废话。

那么，30 分钟后，可能有很多同学开始说废话。

3. 心理学认为，老师太多赞美他所期望的行为，则隐含着他原来正期望着相反的行为可能会发生。特别是一些正处于逆反心理状态较严重的年龄阶段的学生，经常会想找个借口与老师"对着干"。

四、不随便比较学生

教师要发现每个学生的独特之处，让他们根据自己的个性和特长来健康发展。并且要让学生明白，每个人都有自己独一无二的优点。而不能动辄就把学生互相比较。"人比人，比死人"，什么事都让学生互相比较，是很一种拙劣的教育手段。在奖励和表扬学生时也同样必须遵循

这个原则。

正例：

你的手工课作业做得真好，我想你一定花了很多心思，老师真喜欢你的作品！

反例：

你的手工课作业完成得真好，全班无人及得上你！

遗憾的是，我们经常看到的却是类似下面这样的情景：美术课上，颇感失望的教师"总算"看到了一位学生的作业比较像样，就把这位同学的作业高高举起，展示给全班同学看，同时大声对大家说："大家看看，这才叫在画画啊！再看看你们自己，简直都在糟蹋颜料！"于是，教师又成功地完成了一次"抬高了一个，倒下了一片"的"壮举"。

五、因人而异，随机应变

如果发现你对学生的奖励或表扬不能加强学生的良好行为，那么就应根据学生的个性特点试着改变一下你的语言策略。试体会以下几种语言：

1. 我发觉你已经非常尽力，但效果要慢慢才会显出来。

用于那种能力不强、心里想改进，而心理敏感度又较高的学生。

2. 继续努力，加油干吧！相信你下学期一定会在班级里崭露头角的。

用于那些有潜力，但对自己要求不高或自信心较差的学生。

3. 我认为你虽然是年级中的优秀者，但还应到区里去比试比试，不知你会不会名列前茅？

用于那些聪明、好胜心强，又很容易骄傲自满的学生。

六、表扬的范围要广

一般情况下，在班上表现突出的往往是少数几位同学，因此被表扬的也往往是这么几位同学，班上大多数同学安于现状，不求上进，这样当然不好。所以，老师的表扬要尽可能地范围广，对象多，不能总是固定地表扬那么几位同学。这就要求老师要善于发现同学的优点，发现他们的进步，使得全体同学都有被表扬的机会，也就是使每个同学都在不断地进步，不断地改正自己的缺点和错误，这正是我们教育的目的。

第四章 用表扬代替批评

第三节　避免表扬的几种偏颇现象

表扬是教师教学和管理时常用的一种教育手段，但是，表扬也是一把双刃剑，把握不好就会伤害自己，伤害他人，有时还会给自身和他人带来烦忧和尴尬。因此在运用表扬的教育方法时要注意避免出现以下一些偏颇现象。

一、夸张式

夸张式表扬会使学生迷失自我。从报纸上读到一位女学生批评班主任的文章，说在她的班主任身上目前发生了"怪现象"：

她突然一反常态，对学生由全盘否定变成全盘夸奖。她总对学生说："你极有天赋！""你非常聪明！"……刚开始，大家还美滋滋的，尝到"快乐"教育的滋味，可慢慢地就觉得不对劲了——她对每个人都这样评价。无论谁学习上遇到困难，她都会大而化之地肯定："你一定能成功！""你是最棒的！"时间长了，同学们弄不清自己的真实情况，渐渐地在班主任的表扬中迷失了自我。她的表扬太虚伪了，没有一点原则。

表扬作为一种形式，的确能够激励学生，帮助学生确立自信。但是不问三七二十一，一律"戴高帽"的表扬，只能提供一时的轻松和肤浅的满足感，反而抑制了学生的自我激励和创造性。这就像吃糖果一样，虽然能增加一时的热量，但很快就会使能量水平降到比先前更低，因为糖果反倒减弱了食欲，影响了人对更富营养的饮食的摄取……长此以往，这种表扬会降低语言的价值，影响师生间真诚的关系。

优秀教师的批评艺术 ●●●●●

二、打击式

打击性的表扬伤人最重。

李飞比较粗心，布置的作业总是拖拖拉拉，每次都不能按时完成。终于有一天，他破天荒地按时完成了作业。李老师就表扬他说："你终于按时完成作业了，真是太阳从西边出来了！明天可别忘记了。"李飞一听，深深地低下了头。

通过这个例子，我们不难看出，李老师这样的表扬很勉强，并且包含着批评，在无形中打击了孩子的积极性，让他觉得做了事好像也白做了，老师总盯着自己的薄弱环节，而不得翻身。本来孩子在某些方面有了进步，是一件皆大欢喜的事。但是老师在表扬的同时不经意给了孩子阴影，这就是他在教育上出了问题。与其强化孩子的弱点，不如将孩子的点滴成绩看在眼里、记在心里、挂在嘴里，以突出孩子的长处，让他们知道自己的努力没有白费。所以，我们对孩子应该肯定其成绩，而不能在表扬中挟带打击性的语言。

三、单调式

简单的表扬会导致孩子求知不深入，浅尝辄止。老师在表扬学生的时候，往往语言贫乏，空泛无物，对于学生的所有表现只会说"好"、"很好"、"真棒"、"真聪明"。学生听来听去就是这些话。至于好在哪里，为什么好，则语焉不详。对任何一个学生的任何表现，都用同样的语言来表扬，久之，学生对表扬的诚意和真实性也会产生怀疑，表扬的效果自然就大打了折扣。所以，表扬应避免千篇一律、单调重复，避免大而空的泛泛之谈，而应该实在、具体，让学生知其所以然。比如：你朗读时声音清晰又响亮，值得大家学习；你的观点与众不同，很有新意；你今天勇敢地举手了，老师真高兴；你的发言条理性强，让我们听得明明白白，太好了，谢谢你；你的字有进步，比上次的作业整洁了，继续努力等等。

第四章　用表扬代替批评

四、错误式

错误的表扬会导致学生坚持错误。错误的表扬，有时是因为教师对学生的错误回答未加留意，有时则是教师明知学生回答错误，却不愿伤其面子或找不到合适的角度引导，再加上某种惯性，仍然对学生进行赞扬。但这种表扬影响了学生求知，很可能一个错误就影响其一生，贻害无穷。如一堂语文课上，教师板书"由于"，问学生是什么意思，一生回答："'由于'是海货，能吃。"授课者竟然说："这种解释很有创意。"这种错误的赞扬在知识上让学生走弯路，以后尚可修正，但在思想上则很可能影响其一辈子。

五、敷衍式

敷衍式表扬得不到学生的认可。当表扬成为一种被提倡的教育手段时，可能会出现"为表扬而表扬"的情况。不论学生表现如何，老师在心里可能很不满意这个学生，更不欣赏他。可是，为了表扬，只管抛出表扬的语言。这样敷衍的表扬是虚假的，不会得到学生的认可。表扬不是教学的手段，不是方法，而是一种教育理念的反映。老师表扬学生时应当是真诚的，是发自内心的真情流露。比如：当你表扬学生的时候，眼睛应看着他，眼神中应有与表扬的语言相符合的赞许。如果你表扬学生时眼光是望着别处甚至是背对着学生的，你的真诚是令人怀疑的。这样的表扬，效果自然不理性。

六、偏心式

不公正的表扬会引起其他同学的不满。老师一向是学生心目中的权威者，如果老师所用的赞赏学生无法了解时，他们的心理必然会产生一种反感，反抗老师的心理便由此产生，这样一来表扬就失效了。教师对学生的表扬往往会更多地集中在班内少数几个优秀分子身上。其实最渴望表扬的正是班内默默无闻的大多数，他们的些许进步来之不易，教师应积极发掘并给予表扬。老师常常以为表扬学习好的学生，会鼓励落后者向上，但是对于那些无论如何也无法达到表扬标准的学生，却是一种无形的打击。比如，公布成绩的方法，对于高分者确实能起到激励作用，但是却会影响其他的同学。如果老师只对自己看到的行为进行表扬，其他的学生会想——"我也做过同样的事呀"，或者，"我曾做过更好的事呢"。本来老师并没有偏心的企图，却会引起周围同学的不满。

七、贪多式

过多的表扬会使学生产生依赖心理。心理学研究表明，对某一行为的连续性，表扬会使行为者形成对表扬的依赖。一旦表扬减少或者消失，将会在客观上起到与表扬者初衷相反的效果。一名学生若经常得到老师的称赞，而一旦未能得到称赞时，或者一个经常毫不吝惜赞词的老师，如果忽然沉默下来，会让学生以为自己说错了什么话、干错了什么事而感到手足无措。此外，过多的表扬还会使学生无法积极地面对挫折，一旦遇到惩罚，就会怨恨老师，这种结果与表扬的初衷是背道而驰的。所以，就这一点来说，表扬也有其反效果的一面。例如，一名学习成绩好的学生经常得到赞赏，为了维持这份荣耀，心理负担会很重。因为他不能保证每一次的成绩都那么优秀，在下一次考试时，势必会产生一种压力，心理的负担会比其他的学生重。这也许是许多平时成绩很好的学生关键时刻不能正常发挥，不能取得高分的部分原因吧！

八、比较式

比较式表扬容易打击学生的积极性。教师的表扬不是着眼于每个学生自始自终的努力程度；亦未注意到学生之间的差异，而是将学生置于一维的标准下进行比较，从而做出厚此薄彼的评价。如：课堂上老师提问一个学生，而这个同学回答不出。教师再请他的同桌，同桌却答出来了。老师便赞扬同桌道："你真聪明，是个好学生。"老师在表扬之时

也许并不知道他给一个幼小的心灵造成了多大的创伤。如果同桌知道答案就是好学生，那么，第一次被提问的学生答不出来是不是就是坏学生？比较式的表扬很容易打击学生的积极性，更为严重的是此种表扬可能给整个班级带来压力。如上例所示，该班同学也许不会轻易尝试主动回答问题，因为，那样有沦为坏孩子的危险。

九、点兵式

点兵式表扬会表扬一两个，丢掉一大片。比如，为了办好班级元旦联欢会节，全班上下精心组织、策划，全体同学特别是每个班干部更是巧妙设计、通力合作。联欢会上，学生的合奏和舞蹈等表演得到了同学们的喝彩。班主任很激动，随即在班会上点名表扬了班长和文艺委员。班主任认为这些成绩的取得，应归功于这两位同学的辛勤努力。其实，这次联欢会，从材料的搜集，技能的组合，到构思、创意，都是集体智慧的结晶。这种"点兵式"的表扬有违客观，重心偏颇。重点表扬一两个，丢掉一大片，打击了绝大多数同学的积极性。

十、矫情式

矫情的表扬容易让学生滋生自满情绪。如阅读课上，教师让学生在材料中查找一个信息，只需读到就可找到，不需要复杂的思维。学生迅速找到后，老师赞扬："你真会发现，哥伦布发现新大陆也比不上你！"再如数学课上，一道简单的应用题被一位学生解决了，老师夸张地竖起大拇指："真厉害！我们班出了个陈景润！"被赞扬的同学仿佛爬上云端，其他的同学也会认为：原来做哥伦布、陈景润这么容易，因为我也找到了，我也做好了！像这样的表扬忽视了育人宗旨。

第四节　表扬的技巧与艺术

用表扬代替批评虽然是对学生进行教育的很好的手段，但是不能过度、不能失时、不能多目标、不能太片面。因此对学生进行表扬时，一定要注意技巧，千万不能随便给予，要抓住时机、准确到位、入情入理、因人而异，从而充分发挥表扬的鼓励和促进作用。

一、表扬的技巧

1. 表扬要抓住恰当的时机

时机往往是事物发展连接和转化的关节点，抓住了时机也就抓住了关键、抓住了要害。教师在实施表扬时，必须有较强的时效观。抓住了时机后，还必须做到表扬的分寸适中适度，使表扬恰到好处。任何过度的失去的表扬都会适得其反。

有位女同学，上数学课时经常趴在桌子上，表现出明显的厌学情绪。每节课老师首先提问她，她十次有九次不会，考试成绩很不理想，老师很恼火，所以每节课都提问她三四次。持续了三个星期，她的学习一点也没有进步。至此老师觉得自己冒失了一点，开始去了解她，但没有立即找她谈心，而是装得若无其事，目光却时刻注视着她的一举一动，寻找她的优点。不久机会来了，一天放学的时候，刮起了大风，其他同学都忙着回家，而只有她一个人在忙着关教室的窗子。第二天，老师在班上充满感情地表扬了那位女同学。此后对老师的课堂提问，她变得对答如流，老师的表扬更是及时到位，后来她竟成了老师的得意弟子。

2. 表扬要准确到位

运用表扬的方法达到最佳效果关键在于"准确"。这个"准确"一般包括以下内容：一是对受表扬者心理状况的把握要准确。一个表扬，首先应对受表扬者本人产生的效果，才可能谈到对其的教育作用。恰当的表扬能使学生体验成功的愉悦，促其产生自强不息的内驱力；反之不恰当的表扬却会引起反感，并可能激发逆反情绪。二是对于表扬的同学的事迹核实要准确。教师一定要细致调查以求得正确的分析判断，否则表扬的内容失之毫厘，学生就会认为谬以千里，甚而作出悖以万里的反应。

实践告诉我们，在表扬之前必须把准学生集体的脉搏、了解他们的接受能力、清楚受表扬学生与其他同学间的人际关系。如果表扬的条件尚未具备，大多数学生没有足够的心理准备，与其强行实施，不如不表扬。有些教师认为，对学生表扬时，好话多说点不会错，事实并非如此，那些信口开河、随心所欲的表扬，不但对学生起不到鼓励激励的作用，反而会使教师威信下降。

某班的一位学生，在期中考试中前进了 18 名，而且热爱劳动、团结同学，因此经常受到各科老师和班主任的表扬，即使有些表现得比较平凡的地方教师也对他进行一番表扬。教师这种为了表扬而表扬的做法，不仅对这个学生没有起到鼓舞促进作用，而且慢慢地使这个学生变得骄傲自满、自以为是，结果这位学生的表现在老师的频繁表扬中不断变差，与同学之间的关系也慢慢变得非常冷淡，劳动观念和集体荣誉感减弱。这就是教师没有掌握好表扬的尺度，从而捧杀学生、失去了教育教学的愿望。

3. 表扬要入情入理

入情入理是指教师在表扬中要渗透教师对学生的爱。对学生的表扬要做到实事求是、公平合理。教师爱心的投入，要面向全体学生，使每个学生都能从老师的表扬中体会到老师对自己的爱，从而起到激励鼓舞的作用。特别是对学困生，要用发展的眼光去看待他们，随时发现他们的闪光点，给予及时的表扬。相反，如果教师对学生进行表扬时单凭主观臆想或凭成见推断，对优等生频繁表扬、对学困生表现出来的优点却不屑一顾，甚至表现出怀疑态度。这样不仅使表扬不能发挥激励鼓舞的作用，还会严重挫伤他们的积极性。

某班有位同学是班上有名的差等生。班主任和科任老师对他都没有好感，他从未尝到过受表扬的滋味，对此他心里非常难过，于是便暗下决心要做个好学生。此后他便严格遵守学校纪律，认真刻苦学习，在一次单元测验中，他获得了好成绩，可是由于老师的成见，并没有对这位学生进行表扬，甚至对他的成绩产生怀疑，这使他的自尊心受到了很大的伤害，刚刚升起的一线希望很快又破灭了，不久他又回到了原来的位置。如果教师当时不凭主观臆想、抛开成见，对这学生更多地去了解他，及时适度地表扬他，结果将是与此截然相反了。

4. 表扬要注意把握分寸

表扬不只是激励学生学习兴趣，也是对学生知识、技能，学习过程、学习方法，情感、态度、价值观的评价，具有导向功能，因此需要客观公正，不能言过其实，同时还要看到表扬容易造成的三方面负面影响：一是在集体中点名表扬某学生，其实也是在暗示别人比他差，有时会使受表扬的学生产生骄傲情绪。二是有的学生因追求表扬只顾形式，当得不到表扬时又会有失落感，造成不必要的心理负担。三是好话听多了，听不进反面意见，经不起打击。因此表扬时要顾及不同层次的学生，在形式上不搞"两极分化"——对优生的表扬，注意多论事，通过表扬具体的事例，让他体会到老师对自己的肯定赏识；对学困生的表扬要注意多指名，在面上要加大对他的表扬力度。要让学生特别是优生，能不断拿自己近阶段成绩与昨日成绩相比，培养学生与自己竞争的意识。

二、表扬方式要灵活多样

对学生表扬有多种形式：口头、书面，物质、精神等等。具体使用

哪种形式要因人因事而异。方式的因人而异是由对象的思想和心理水平不同以及气质、性格的有别而决定的。老师对学生要表扬赏识，家长对学生，学生对学生，自己对自己也要表扬赏识。身为教师，要善于引导学生、团结家长，灵活多样地运用表扬，发挥其艺术性、实效性。

1. 以"口"为主的表扬——口头表扬个人或集体

表扬个人时，有时联系事例点名表扬学生，有时只赞赏具体事例，不点学生姓名。表扬集体时，要根据实际灵活地确定"集体"：或表扬班级，或表扬小组，或表扬男生、女生、大组、同排，或表扬某分数段学生。口头表扬是表扬的基本方法，课堂内外、当面或背后都可以进行，易操作且最具及时性、灵活性。

2. 以"笔"为主的表扬——利用"作业本、板报"表扬

批改作业，要对学生予以表扬时，可在作业本写上表扬的语句，如"进步真大，老师相信你会写得更好"，"你对问题的看法有新意，见解独到"，"你的作文就像你回答问题时的表现，思维缜密、语言华美，让人感到兴奋"；出板报时，利用板报将学生先进事迹、荣誉、"闪光点"等予以公布。作业本表扬，几乎像口头表扬一样灵活，既不占用集体时间又不影响课堂教学；板报表扬，被表扬人数非常少，其所受的激励特别大。

3. 以"情"为主的表扬——用微笑、目光、动作等体态语表扬

学生发言或做一些活动时，教师或微笑地看着学生并投以赏识关爱的目光，或身体前倾表示聆听和关注，或竖起大拇指表示满意和祝贺，或很有分寸地轻轻拍拍学生肩膀表示亲近和慰问。张口三分力，运用体态语不用说话、写字，最简单、实惠。只要教师真心关爱学生，总能时刻发现他身上的可爱之处，总能运用体态语传递赏识情感。

4. 以"评"为主的表扬——评选先进或授予荣誉称号

评选先进，有阶段性地进行：给学生树立奋斗目标，鼓励学生不断努力并定期评选（如评选三好生、优秀班干、优秀队员）。有的灵活进行：在教学中发现成绩及时授予荣誉，或搞临时性的比赛，以荣誉为目

优秀教师的批评艺术

标，激发学生（如在班中设立"标兵榜"，把个人或小组的照片张贴在"标兵榜"上）。评选先进时，要注意使不同层次和不同特长的学生都有机会被评上，要多关注学困生。评选先进特别是阶段性的评选，其实也是在进行"目标激励"。灵活性的评选与教学联系相对接，反馈及时，成效显著。

5. 以"展"为主的表扬——选拔优秀或进步的内容进行多种形式的展览

展览要与教学紧密结合，目标要明确，每次的展览要有偏重，老师要心中有数，要体现展览的计划性。展览不但使受表扬同学受到表扬激励，还能为他人树立榜样，激发其他同学的学习积极性。

6. 以"奖"为主的表扬——发奖品或给予丰富多彩的精神奖励，如发奖状、赠送写有激励语言的笔记本

教师在活动中为表现突出的同学鼓掌或让其他同学主动为勤于学习的同学献上一支歌，这就是一种精神奖励。物质奖品学生会爱不释手，精神奖品学生会深藏心中，这些奖励对学生来说都是巨大的物质财富和精神财富。

7. 以"生"为主的表扬——让学生自我表扬与相互表扬

自我表扬，是要学生展示自身"闪光点"，展示自己近期取得的成绩（如召开班队会让学生说说自己特长、让学生在作业本上或其他书面上写自己的"闪光点"、每周利用课外时间与学生开几分钟集会，让他们说说近期取得的成绩）。相互表扬，是要学生相互观察寻找"闪光点"，并运用多种形式诚恳地予以赞扬（如当面称赞或出表扬小报），提倡合作、发现合作伙伴身上优点、尊重合作伙伴等，能看到别人的优点，才能学习别人的优点。

8. 以"家长"为主的表扬——通过家长进行表扬

通过家长会、家访和电话联系，老师将学生"闪光点"告之家长，有时家长将学生"闪光点"告之老师，并让学生知道家长、老师在表扬自己。与家长谈孩子的优点，家长最乐意。对学生这种"背后"形

式的表扬，有时比当面表扬收效更大。以此为切入点，主动与家长在更多方面联手抓教育，定能取得突出成绩。

诚然，金无足赤，人无完人，在挖掘学生身上的闪光点同时也不要忽略学生的不足之处，只有表扬与批评有机地结合，才能让学生扬长避短，不断进步。

总之，表扬是赏识教育的一种最好方法，只要我们教师掌握表扬的艺术，多给学生一些关怀和帮助，多给学生一些阳光雨露，多给学生一些温暖的空间，把表扬恰当地表达给学生，用表扬代替批评，就能取得很好的批评教育效果。

第五章　懂得激励学生

　　心理学研究表明：缺乏激励，一个人自身潜力只能发挥20%～30%；正确而充分的激励，则能使人发挥其自身潜力的80%～90%。同样，在教育教学过程中，教师正确运用激励手段，能激发学生的内在活力，使其更自觉更好地学习、发展自己。

　　老师激励学生，它的重要性显而易见。对每一个在学海中翱翔的学生来说，自信心如同一对翅膀，能让他飞得更高更快，如果没有这对翅膀，他将永远在地面上徘徊不前，永远看不到前方那亮丽的风景线。而教师对于学生找到这对翅膀，起到了至关重要的作用。所以教师在对学生进行批评教育的过程中，不应忘记激励学生。

　　耶鲁大学校长莱文先生把激励学生的能

力认定为评价一个优秀教师的三大标准之一，其他两个标准是良好的沟通能力，鼓励学生独立思考的能力。由此可见激励在现代教育中的重要程度。这一章，我们将向广大教师介绍关于激励学生的方法、艺术等问题。

第一节　了解激励的作用

　　偶然读到一则《聋子青蛙》的寓言，感受颇深。说的是一群青蛙在森林中穿行，有两只不小心掉入了深坑中，它们就拼命地想往外跳。其他的青蛙则聚集在坑边告诉它俩坑太深，不要白费力气了，根本不可能跳上来。但是，求生的本能使两只青蛙仍然不断地往外跳。坑外的青蛙不停地劝阻它们，叫它们等死算了。后来，有一只青蛙相信了青蛙们的话，放弃了挣扎，慢慢地死去了。而另一只仍然继续试图往外跳，青蛙们还是不停地劝阻它，而这只青蛙反而更加努力了。最后，它终于跳出了深坑。原来，这只青蛙是个聋子。它一直以为其他青蛙是在不停地激励它跳出坑外的。

　　这则寓言给我们这样一个启示：激励能使人充分地发掘出自身的潜能，把本认为不可能的事变为可能，从而获得成功。

　　从某种意义上说，教育的过程就是一个让人不断地挖掘自身潜能的过程。在这一点上，教育更应该是一种激励的教育。特别是在中小学阶段，教师的话对学生的影响是巨大的，甚至是终身的。教师如果一味地批评、指责学生，就会使学生悲观丧气，趋于平庸。相反地，如果教师在批评教育中对学生不断地激励引导，就会使学生满怀希望，充满自信，最终走向成功。教师若能真正激励一名学生，就会使这名学生的内心受到震动，激发出积极向上的动力，使其潜能得到较好的发掘，从而改变学生一生。

　　正确的动机不是自发产生的，是在教师们有计划、有组织、有目的的教育下，逐渐培养起来的。德国著名教育家第斯多惠认为："教学的

艺术不在于传授的本领，而在于激励、唤醒、鼓舞。"清代教育学家颜吴先生说过这样的话："教子十过，不如奖子一长。"教师与其花费很多的时间和精力去苛求学生，不如用一点心力去发现其优点，并以此鼓励他，让学生体验成功的滋味。因此，教师老师有计划、有组织、有目的地对学生进行激励是有非常重大的意义的。具体说来，激励具有哪些作用呢？

一、激励可以最大限度地调动学生的积极性

教师对学生的激励，就是对其成绩的肯定，使其行为得到承认，从而使学生认识自身行为的价值，积极性就会得到进一步发挥，形成强大的内在动力。学生主要是希望得到教师的信任及取得各种进步的肯定，若在应该满足时没得到满足，一般说来，学生的积极性就会消退。因此，从满足学生需要的角度讲，激励是十分重要的、不可缺少的。满足了他们的需要，他们的积极性才能得到调动，身心才能得到发展。

二、激励可以对学生起到导向的作用

激励是一种对学生的动机和行为进行肯定的行为，反映了什么样的动机和行为会受到教师及其他学生的尊重，什么样的精神和风格会得到赞扬，也告诉大家社会需要什么，教师提倡什么。激励的导向作用是具体的、强有力的，是一般教育所不能替代的。

三、激励可以促进教师工作目的的实现

教师的工作就是使学生去实现教育目标的过程。教师通过激发学生的热情，才能保证教师教育工作目标的实现。当然，教师不能乱用、滥用激励方法，否则会起到相反的效果，而应当遵循激励的基本要求，才能收到事半功倍的效果。主要有以下几点：

1. 实事求是

教师在对学生实施激励的时候，应当根据学生客观存在的需要，施

以相应的刺激和鼓励，从而调动学生的积极性，达到教师工作的目的。如果学生没有那种需要，或不具备那种需要，教师的激励行为是没有实际依据的，当然也就起不到激励的作用。

2. 公平合理

教师对学生行为的激励要根据他的行为给予恰如其分的承认，如果该表扬的没有表扬，该批评的没有批评，这些不恰当之处，就会使学生产生不公平、不合理的感觉，产生心理不平衡，达不到激励的应有效果。教师要充分认识到公平合理的激励的基本要求，使每个学生都能理解、支持，从而把学生的积极性调动起来。

3. 遵循强化的要求

强化就是通过一种奖励或处分，使之继续下去或被制止的过程。希望行为继续下去的叫正强化，制止行为继续下去的叫负强化。给学生正强化会使其产生积极的情绪，感到心情愉悦，得到鼓舞，促使学生更加积极地学习；给学生负强化则会使其产生消极的情绪，受到刺激，迫使学生在压抑的情况下改变学习行为。所以，对学生强化某种认知时，要正、负强化兼顾应用，适时适量，尤其要注意的是应主要采取正强化，它比负强化更有力，学生也更容易接受。

4. 适时适度

教师在激励的过程中，要把握好度。做什么事情都讲究"度"，注意分寸，拿准火候，恰到好处。如一个学生违反了班规校纪，已有悔改之意，教师如果能对他正确地引导鼓励，批评指正，他就会比较顺利地检查改正。如果教师一味地指责、惩处，不注意分寸，要么上纲上线，使他无法接受，要么轻描淡写，使他不能引以为戒，这些都是不能起到激励作用的。激发学习热情，沉重的书包、繁重的作业、紧张的考场以及严厉的老师、唠叨的家长、竞争的同学，还有那枯燥、没有任何娱乐性的学习生活，这一切都使不少学生或心烦意乱，或忧心忡忡，或对课堂教学麻木、冷漠。

在全国和上海市进行的两次权威性的有关学生现状情况的调查中，

11000 份调查问卷表明，50%以上的学生学习积极性不高，其中40%的学生感到学习乏味、单调又无可奈何，10%的学生感到头痛、厌倦。据上海、杭州等地的有关科研机构调查，在中小学生中有心理健康问题的一般都占到20%左右。中小学学生的烦恼主要表现在以下三个方面：

第一，因学校学业负担重引起的烦恼。科目繁多，考试频繁，分数第一，学生往往是精疲力尽，学习生活缺少生气。

第二，因为学生心理脆弱与学习方法不当所引起的烦恼，繁重的学习往往导致部分学生心理失衡，甚至形成心理障碍，学习方法呆板单一，思维迟钝，学习效果差。

第三，因为家长期望值太高、压力太大所引起的烦恼。家长望子成龙成凤，使学生失去自我。

很多学生因不堪学习重负，产生了厌学的思想，尤其是一些学生经过了多次努力仍然不见奏效，就更滋长了"破罐子破摔"的想法，甚至辍学了事。在知识的海洋中航行着的学生们，很多人的航标灯已经失去了方向，因此，对处在人生旅途关键时期的学生们进行学习心理指导，帮助他们重新点亮知识之海的航标灯，使他们最终能够到达理想的彼岸，是21世纪教师的重要职责。

第二节　掌握激励的方法

教师应掌握对学生的激励方式，激励方式是发挥激励作用、达到激励目的的具体途径。激励方式多种多样，有物质的，也有精神的。教师要提高工作效果，充分调动班级中学生的积极性，就必须掌握和善于运用各种激励方式，做到不同时间、地点、对象，使用不同的激励方式。

一、目标激励

目标激励，就是教师用确定的具有社会意义、符合班集体学生特点的科学可行的、能够鼓舞人心的目标，去激发学生高尚的动机，使他们具有热烈的奋斗情绪，充分发挥学生的积极性，为实现目标而奋斗。当班上学生情绪低落，没有学习热情时，教师要用激励的方式教导学生，充分调动起学生的积极性，同时设置适当的奋斗目标，如达到市级文明班集体或达到省级文明班集体、各种竞赛应达到第几名等，又如不同学生的奋斗目标，学科成绩应达到什么水平、操行应达到第几等。当然，班集体的奋斗目标要与学生个体的奋斗目标有机地结合起来，如果目标定得太高，叫人望尘莫及，会令人丧失信心，起不到激励作用。只有恰当的目标，才能挖掘学生的潜力，最大限度地调动其积极性。

二、奖惩激励

奖惩激励在教师工作中运用最多，就是对学生的某种行为的奖励或惩罚的方法，激励学生的积极性。奖励是正强化，对学生某种行为给予肯定表扬，使学生受到精神上或物质上的鼓励，从而继续保持这种行

为。奖励应抓住时机，起到指明方向、典型引路的作用，增强教育效果。有的学生很聪明，却很难专注地去干一件事情，作业敷衍潦草，经常惹是生非，老师的教育也只能产生"五分钟热度"，被他们当成耳边风。对这样的学生可以运用奖惩激励方式，每当他们不专心读书时教师最好不去注意他，但在他安静下来读书或专注地进行一项活动时，哪怕只有短短的几分钟，老师都给予一些称赞，或者通过抚摸、微笑、眼神接触等亲密方式去强化学生的良好行为。惩罚就是对学生的某种行为予以否定，使学生认识到这种行为是错误的，化消极因素为积极因素。

三、民主激励

民主激励是培养学生自我管理能力的必要条件。要培养学生的自我管理能力，就必须充分发挥学生的主体作用。作为教师，必须首先树立与学生平等的观念，与学生打成一片。教师可以经常和学生一起活动，参与娱乐项目。在工作中教师可以把一些权力下放给班委会，充分发挥班干部的带头作用，让学生自己管自己。这一过程就如同一套闭路电视系统，教师是遥控器，班干部是按键，班级则是屏幕，学生的日常行为便是电视节目。同时教师又发动同学督促班干部，在班级中构成一条教师管理班干部，班干部管理同学，而同学又反过来监督教师和班干部的循环管理链。比如有一个教师就在班内设立了《教师工作意见簿》，学生可以对班级工作提出一些建设性的意见，学生可以针对老师在处理问题时的做法发表意见，对教师的言谈举止、服饰等发表看法。这都有利于循环管理链的进一步形成和巩固。

教师以民主的方式批评学生，可激发学生的自尊心和自信心。教师应当为全体学生参与班集体的民主管理提供一切方便，创造有利条件，采取多种形式，激发学生的主人翁热情。在班集体管理工作出现问题时，教师要走学生路线，有事同学生商量，相信学生，依靠学生，集思广益。不要以为自己是教师，就高高在上，命令式或武断式地处理问题，这必定会压抑学生的创造性热情。

四、榜样激励

在班集体中树立先进典型的学生为榜样，以典型带动一般的激励方式。有了榜样，班集体就有了核心，学生就有了学习方向，榜样是生动的、鲜明的，容易引起同学们情感上的共鸣，给学生以鼓舞和鞭策，同时榜样也不是十全十美的。只要是被同学们公认的思想进步、品格高尚、成绩突出的人，都可以成为榜样。另外有些同学某方面很有特长，也可成为特长榜样。要维护榜样的形象，要扶正压邪。

激励学生时，教师应注意抓好"两性"。一是真实性。由于社会上诸多因素的影响，学生对榜样的认同感有所弱化，有的甚至产生了一种错误认识："模范人物嘛，都是吹出来的。"因此，一定要注意榜样的群众基础和真实性。二是亲近性。应根据学生年龄特点、思想实际、兴趣爱好、性格特点等树立多层次的榜样群，以利于学生自觉地选择与比较。具体来讲，在对象的选择上既要有全国性的榜样，又要有本地区、本学校的榜样，还要有本班的，甚至班内各个层次的榜样（优秀的、中间变先进的、后进转化为先进的）。在类型上既要有学习上的典型，又要有思想品德等方面的典型。在确定学习榜样后，教师要帮助学生分析榜样形成的条件，要积极为学生指明学习、赶超的途径，从而形成人人学习榜样、个个争当先进的良好氛围。另外，教师作为学生心目中的一面旗帜，也要以身作则，严于律己，言传身教，以自己的模范行为做学生的表率。

第三节 学会情感激励

在班级管理中，导致学生产生巨大动力的是激发和鼓励，亦即管理学上的一种情感激励。它通过各种途径激发人的情感，使之产生人们所希望的倾向，并形成持久、稳定的热情和上进心、内驱力。教师把爱心无私奉献给学生，让学生在爱的气氛中得到教育，懂得人生的真谛，这样才能激发起学生的学习热情，学生才会对老师产生信任感。

一、情感激励的原则

1. 目的性原则

情感激励具有十分强烈的目的性，教师无论在课上还是在课下激励学生都要有明确的目标，总是围绕实现近期某个或几个短期目标，来达到总目标和几个长远目标而进行一系列激励活动。

2. 针对性原则

情感激励是有针对性的，否则，激励就会变成"毛毛雨"，达不到任何教育的目的。教师要针对学习内容、学生个性特点，进行对应的情感激励。情感具有情境性和感染性等特点，必须及时针对问题进行激励，才能取得良好效果。

3. 整体性原则

运用情感激励时，要遵循整体性原则，从学生的全面发展出发，绝不能头痛医头，脚痛医脚，而要以国家培养目标为方向、人才成长规律为指针，纵贯教育全过程，整个系统协调一致，认识要统一，措施要得力，方法要得当，尤其不能前后矛盾，降低教师在学生中的威信，影响教学任务的顺利完成。

4. 相容性原则

教师工作的对象是学生，学生是活生生的人，尤其是处于长知识阶段的中小学生，人生观、世界观还处于萌芽期，心理状态很不稳定，情感激励的效果在很大程度上取决于与学生们的心理是否相融。

5. 情感性原则

教师对学生的言行评价不能如同法官、裁判那样超然于对象之外，而要以心灵拥抱心灵，以激情点燃激情，用发展的眼光看待学生。老师们在批评时切忌挖苦、讽刺学生，使之气馁，而要在教导学生的同时激励学生，从而帮助学生认识自我，建立自信。

二、情感激励的特点

1. 双向性

快乐不仅对教师的班级管理有促进作用，而且与学生的学习也密切相关。如有位教师特别看重班级的荣誉，每次学校评比都把输赢情绪带进教室，形成排名靠前——教师高兴——学生来劲、排名倒数——教师懊丧——学生没劲的现象。这种情况下，教师不可盲目地批评学生，同时也要注意自己的情绪。消极情绪不仅会影响班级士气的高低，而且会严重影响学生的身心健康。

2. 主动性

情感激励要以教师的主观能动性与精神力量去感化与激发学生的主观能动性，满足其精神需要，即变"要我学"、"要我做"为"我要学"、"我要做"。学生的学习主动性一旦形成，教师还要不断旁敲侧击，给予深入引导，使学生的良好苗头转化成行为习惯。坚持教师的教育主导地位和学生的学习、发展主体地位不动摇。

3. 协调性

情感激励只要时机好，随时随地可进行，不受时间、场所、地点的限制，关键是师生情感的建立与交流要与其他活动相联系，不能"孤

军作战"。这决定了教师在使用情感激励时，必须与其他方法配合使用，使教育和班级管理的各个环节渗透情感激励。决不能为情而用情，为教而说教。

三、情感激励的具体实施

1. 鼓励和引导

人是需要激励的，尤其是青少年，通过激励能使学生的心理处于积极的兴奋状态，对学习充满信心和活力。与其严厉地批评学生，不如在课堂上运用娴熟精练的讲解、简洁优美的语言、准确利落的示范动作，课下循循诱导、娓娓道来，深有感触地将自己的教育意图巧妙地安排进教学过程之中，并辅之以真挚情感的氛围，以此激起学生强烈的感受。这样能有效调动学生的学习积极性，也达到教书育人之功效。

2. 信任与尊重

渴望信任与尊重是人的本性，对于中小学生来说也不例外。教师要充分信任与尊重学生，促使学生的本性和个性得到健康发展。教学经验告诉我们：在课堂上提问，当学生不敢或羞于回答时，教师不可单纯地指责学生"你平时都在干些什么，这么简单都不会"，如果换个角度，给学生以热情、支持和信任的目光，或说"老师相信你能回答出来"之类的鼓励话语，学生因受到教师的情感激励而会敞开心扉，大胆说出自己的观点，久而久之，学生就养成了爱思考、好发言和喜欢有问题问老师的习惯。

3. 言语与非言语

情感是一种十分复杂的内部心理活动。虽说通过语言能够表达人的思想情感，可在一些特定的时候，仍需借助非言语手段来传情达意，即要通过表情、姿态、手势等非言语手段来加强自己语言的表现力，但非言语手段的运用必须是自然的、真实的和恰到好处的。如一位大学生在回忆自己所喜爱的老师时写道："我的教师也是我的语文老师，她相貌普通，个子矮小，可她的课却上得很棒，尤其当她读课文时，抑扬顿挫，眉飞色舞，很能使人入迷。这时候她总是那样感人，以至于班上的纪律也总是最好的。"

4. 培养优秀生

优秀生的特点一般表现为较严格要求自己，学习较自觉，有饱满的学习热情，能积极参与各种有益的活动。教师首先要注意对优秀生的培养，建立一支坚强、团结的班团干部队伍，并充分发挥班团干部的作用，逐步把他们培养成为各方面的先进典型以激励和引导其他学生，因为榜样的力量是无穷的。比如把优秀生分成几个学习小组来辅导其他同学，使其起到以点带面、激励全班同学热衷学习的作用。面对犯错的学生，教师不能马上指责，严厉批评，更不能数落其一系列错误，此时教师应当充当慈母、朋友、心理医生的角色来开导犯错误的学生，应把握分寸，维护学生的自尊心，先找出他的长处，只有找到长处，才能找到错误的克星，才能帮助他找到改正错误的信心。

5. 重视中间生

中间生的特点一般表现为学习上不太刻苦，"60分万岁"，遵守纪律方面偶尔迟到、早退，对学校生活有些厌倦情绪，也不太爱参加各种活动，思想较保守。由于中间生各方面平平淡淡，很容易被教师忽视，长期这样下去，班级管理注定会失败。因此，在教导中间生上，教师要注意引导他们，为其创造条件，在班级有意识地开展各种竞争以激发他们的上进心和内驱力。比如组织球类、拔河等多项体育活动，既锻炼身体，又使其特长得到发挥；组织文艺演唱、卡拉OK比赛活动，这样既能丰富学生的业余生活，又能锻炼培养学生的文艺才能，班级很快就会形成良好的学习风气。

6. 关心后进生

后进生的特点一般表现为自信心差，不思进取，不爱学基础理论知识，生活懒散，逆反心理强，同时对学校的规章制度不理解、不遵守，但这些学生往往空间想象力和动手能力都较强，也特别爱好文体活动。作为教师，要一改常规的做法，不能因为他们有这样那样的毛病而把这部分学生视为"差生"并将其打入"冷宫",这样会使他们本来具有的创新潜能因被打击而逐渐泯灭。所以教师对待犯错误的学生,可组织比进步活动,若一个月内无缺课现象,无迟到、早退、卫生差等行为,都给予表扬和一定的物质奖励,以提高学生学习和参加集体活动的积极性,克服对学习不够热情的毛病,改变对学校生活的厌倦情绪,同时使学生从中体验到成功的喜悦,使学生在比较中发挥自己的特长,形成良好的个性品质,在比较中看到自己的不足,这是一种无声的批评和激励。

第四节　激励的最佳时机

请看下面一则教育案例：

张老师接手了一个新班。这个班的学生，表现一般，成绩平平，看小说却颇热心，且不分场合。上课老师提问，却答非所问，这让张老师很恼火。于是，张老师发现有谁看小说就当着同学们面撕毁，发现偷阅者则责令检讨并在班上公开批评。一段时间内，师生关系很紧张，而问题并未解决，有的学生依然我行我素。

一天晚上，张老师偶然发现同学们在传诵"青春絮语"。他笑呵呵地和学生们"套近乎"，品评了其中一些精句。后来，张老师买了几本笔记本和几张卡片做奖品，开展了一次"讲精句"比赛。这一招还真灵，同学们愿意跟他接近了，并积极投入竞赛活动。他们锤炼的句子新颖、意义，如"乌云，你是不可能抹煞光明的"、"太阳不能把自然界的每一个角落都照亮"、"雾，我们不会被你迷惑的"。"赛句"像雨后春笋，越来越多，越来越新鲜，越来越精彩。

张老师因势利导，在班里开展了丰富多彩的活动，如"爱我班级，团结奋进"、"学雷锋，树新风"等，培养学生的集体荣誉感。他的班级参加学校举行的讲故事比赛、"一二·九"演讲比赛、广播比赛成绩都名列第一。尤其是期中参加学校的优秀班活动课观摩评比活动，表现尤为突出，整个过程由学生自编自演自安排，力压群雄，战胜了 26 个竞争对手，一举夺魁。另外，文化学习也取得了可喜的成绩。经过一年半的努力，获得市"优秀班级"的光荣称号。

通过上述案例可以看出，几乎每个学生都有自己的特长爱好，一旦

有适宜的时机，他们就应获得展示的机会。如果教师熟悉每个人的爱好、特长和个性特点，那么就要及时为他们创造表现自己的机会。学生表现自己的愿望获得满足，又得到老师的表扬、同学的羡慕，就能有效地保持积极向上的心理，从而为健康成长创造条件。

所谓把握激励学生的最佳时机，就是指充分利用学生所处的那种积极的情绪状态，运用适当的方式和手段，促使学生内心的消极情绪转化为积极情绪，并使其化为行动，去实现预定的目标。研究激励的时机，不仅有助于丰富和发展激励理论，对于广大教育工作者，尤其是教师，能敏锐地觉察，巧妙地运用时机，取得理想的激励效果也是大有裨益的。具体来讲，主要有以下几个时机：

一、当学生进入新的情境时

组织行为学的有关研究告诉我们，人们的思想、情感、行为等是人们所处的客观环境与人们的主观意识活动交互作用的结果。当学生由一个旧情境转入到一个新的情境时，往往有一种强烈的新鲜感，加之内心潜藏的自尊心的催化作用，如转入一个新学校，调入一个新班，进入新学年、新学期时，总是暗暗警告或提醒自己要干出个新样子来。环境是潜在的教育因素，环境转换对一个人的影响不容忽视。任何一个学生在面临新的环境时都会萌发新的希望，产生期待的心理。在这个时候，学生若出现了问题，教师要及时把握，诱导激励学生，就会收到事半功倍的效果。

二、当学生获得某种成功时

行为修正激励理论认为，当行为的结果有利于个人时，行为就会重复出现，这就起到了强化、激励作用。如果一个良好的行为长期得不到积极的强化，动机的强度就会减弱，甚至消失。一般说来，学生取得的成绩从一个方面表明了他们的努力程度，学生取得了好成绩或有所突破时，最迫切希望得到老师、同学的认可和肯定。这时，教师若能帮助他们认真总结取得成功的经验，提出下一步前进的目标，给予恰如其分的肯定、表扬和奖励，不但能激发获得成功的学生进取的高度热情，强化其学习、活动动机，对其他同学也可起到很好的带动作用。

三、当学生处于困境时

学生在遇到失败、受到挫折、遭到打击时，稚嫩的心灵要承受巨大的压力，有时就好像是觉得掉进了泥潭一般。这时教师切不可挖苦学生，因为处于这种情形的学生希望他人理解关心，求得同学、老师支持表彰的愿望会特别强烈。这时，教师若能及时地表示关切理解，一定会产生平时难以获得的良好效应。大量事实证明，同样是一封热情洋溢的书信，一次坦诚的交谈，一次假日的家访，一个亲昵的动作，对于正常情况下的人们和对于陷入困境的人们在心理上的作用存在着巨大的差异，很可能使后者铭心刻骨，终身不忘。

四、当学生有悔悟之意时

身心尚处迅速发育成长阶段的中学生，更容易出现这样那样的不足。但只要不是自甘堕落，胡作非为，就不是什么了不得的事情。学生一旦有了过错之后，在各种因素的影响下，经过思想斗争，往往又会表现出某种悔悟之意。这种"悔悟"是学生知过改过的开端，也是教师进行激励的大好时机。

教师应审时度势，细心观察学生对过失进行悔悟的各种各样的表现形式，因势利导开展批评工作。当然，我们还应看到，人的错误思想、糊涂观念、不良习惯一旦形成，则有相对的稳定性，不会像弹掉衣上的灰尘那样容易。因此，除了要把握时机、善加引导外，还需持之以恒，反复抓，抓反复，不能靠一两次成功的激励就一劳永逸。

五、当学生的某种强烈愿望未能实现时

学生在各种活动中常常会不自觉地流露出自己某种强烈的愿望。倘

若缺乏正确的方法和充分的条件，这种愿望又很难在短时间内得到实现。这时，学生易产生焦虑、懊恼的情绪，影响了学习。教师应清楚地了解班上各种学生各个时期最强烈的愿望，尽可能地给他们指出解决理想状态与现实状态之间矛盾的途径，鼓励他们积极创造条件实现那些具有现实可能性的愿望，帮助他们分析形势和认清自身条件，摆脱不合实际的幻想，支持他们确立新的奋斗目标。

六、当学生触动旧情时

旧情具有鲜明的两重属性，它既可以表现为对现实的否定情绪，产生消极伤怨之情，也可体现为对现实的积极肯定，萌发激昂的、奋发向上的情感。教师应把握学生旧情触发时的心理特征，抓住时机，巧妙地激励学生。有时要善于利用学生对往日的痛悔之情，使其吸取以前失误的教训，避免重蹈覆辙；有时却要充分利用学生在其成长过程中获得成功时所体验的那种兴奋、昂扬的"高峰体验"，使其抹去岁月尘埃，让存在于思想深层的真切的情感熔岩迸发，使激情再现；有时，可通过学生往日爱戴的师长、情同手足的老同学，以昔时深情之火引燃今日行将枯萎的心。所以，教师在遇到学生出现逆反心理、思想工作一时难以做通的情况时，可以避其锋芒，迂回前进，寻找学生情感的兴奋点，点燃学生情感的火花，这样往往能收到意想不到的良好效果。

第五节　讲究激励的技巧

　　行为科学告诉我们，一个人的工作业绩不仅取决于他的工作能力，而且要看他的工作动机被激发的程度。从教师学角度看，人的行为都是受到一定的激励而产生的。每个人所拥有的能力和他在工作中发挥出的能力是不等价的，人所拥有的能力称为潜在能力，人在工作中展现的能力称为发挥能力。人在不同的工作状态下，发挥出的才能是相当悬殊的。一个人能力的发挥，在很大程度上取决于激励。在现实生活中，我们也常常可以看到这样一种情况，一些能力相当的学生常常会取得不同的成绩，甚至能力差的人还有可能比能力强的人做得更好。这实际上与教师对学生的激励有很大的关系。教师如果能恰到好处地运用激励艺术，往往就会收到意想不到的激励效果。因此，教师的重要任务之一就是采取一切措施，用激励方式最大限度地增强学生的工作积极性，发挥学生的能力。

一、形象激励

　　形象激励，主要是指教师的个人形象及教师的思想和行为对被教育者能够起到明显的激励作用，从而推动各项教育工作的开展。教师的一言一行往往会影响学生的精神状态。教师形象是好是坏，学生心中自有一杆秤。如果教师要求学生遵守的，自己首先违背；要求学生做到的，自己总是做不到，他的威信和影响力就会大大降低，他的话就会失去号召力，学生将会表面上服从，而背后投以鄙夷的眼光。若教师以身作则、公道正派、言行一致、爱岗敬业、平易近人，就会得到学生广泛的

认可和支持，就能有效地督促学生恪尽职守，完成好工作任务——因而教师应把自己的学识水平、品德修养、工作能力、个性风格贯穿于处世与待人接物的活动之中。

二、需要激励

需要激励理论认为，需要是产生行为的原动力。从需要着手探求激励是符合心理规律的有效途径。需要层次将人的基本需求由低级到高级分为五个层次，依次是生理的需求、安全的需求、社交的需求、尊重的需求、自我实现的需求。其中生理的需求是保障人们生存的物质享用方面的需要，只有这种最基本需得到所维持生命所必须的程度后，其余的几种需求才能成为需要。

学生的潜能不被激发对教师来说是没有用的，教师需要的是学生的效能，而不是学生藏着的潜能，因此教师应将学生的潜能进行激发，使之变成效能。这种对心的激励可以带动智力、智慧和创造力的开发，激励心与激励智要结合起来。

三、信心激励

很多时候学生可能对自己缺乏信心，不能清楚地认识和评价自己，尤其是对自己的能力，往往不清楚自己的优势和劣势以及实现目标的可能性有多大。因此，学生需要外界尤其是自己信赖的、尊重的、敬佩的人的鼓励，而来自老师的鼓励则最为可贵。它意味着老师会给自己提供成功的机会和必要的帮助，这无疑会激发学生的需要和激励学生努力进取。因此教师应努力帮助学生树立"人人都有长处，人人都能成才"的信心，让学生看到希望，扬起理想的风帆。学生有了信念、动力和良好的心态，就能迸发出巨大的创造力。正像一句广告诉说的那样："只要有激情，一切就有可能。"

四、赏识激励

赏识是比表扬、赞美更进一步的精神鼓励，是任何物质奖励都无法比的。赏识激励是激励的最高层次，是教师激励优势的集中体现。社会心理学原理表明，社会的群体成员都有一种归属心理，希望能得到承认和赏识，成为群体中不可缺少的一员。赏识激励能较好地满足这种精神需要。例如，有一些平时学习成绩较好，但考试临场发挥差的学生，他们主要是平时内向，不敢出头，心理素质差。对这样的同学采取什么措施呢？与其他科任老师经过协商后，上课就多提问这些同学，以给他们在众人面前讲话的机会。同时，还多给他们创造机会，让他们担当科代表、小组长等职务，逐步使他们得到锻炼。经过一段时间的实践，他们都能较好地完成本职工作，心理素质也有一定程度的提高，在考试中发挥的水平都较以前正常和真实。

总之，"数子十过，不如奖子一功"。不同的学生有不同的特点，教师工作如果简单粗暴，很容易造成恶性循环。实践证明，实施正面激励，对于班级良好风气的形成，对于每个学生全面素质的提高，对于学生的健康成长，对于教师卓有成效地开展工作，都无疑是一个行之有效的好办法。

第五章　懂得激励学生

第六节　激励的注意事项

　　根据心理学的强化理论，对学生运用奖励和惩罚等手段进行激励，可以将学生的行为引导到所需要的预期状态，有利于提高学生的非智力因素，激发其学习热情，培养兴趣和特长，克服懒惰，增强自信。

　　我们来看下面一则案例：

　　本学期初我在整理新班级的学生家庭联系地址材料时，一个女生的家长姓名映入我的眼前：×××，会不会是他，再看看这个家长的地址，没有错，就是他，那个使我一生都不能忘记，叫我常常感到不安和悔恨的学生，叫我一生也不能原谅自己的学生，他的女儿竟然又在我的手下读书了，再看看那个女生，初一时的成绩是使人相当满意的，心中感受到一丝的安慰。我停止了工作，27年前的旧事又浮现在我眼前。

　　27年前，我这个刚从师范出来的学生，初为人师，一心想要把学生教好，自然要求也是很严的。学生不好好学习，我是要严管的，教育，讲明理那是主要的，可我不骂人，那是师德不好，可我有时也打人，但对女生，我只打手心，自然也不重的，对男生我打屁股，也不肯打得好重的，因我打的目的是要他们难堪一下，或是教训一下，这一招对好多学生都有用，可就对那个学生没有起作用。要知道那个学生在当时的年代就是一个两家合一的独生子，从小的宠爱自然是不用说的，教育吧，他不听，打屁股吧，又说不痛。常引起学生的哄堂大笑，一时间，我竟然用起了嘲讽，谁知我的那一句挖苦的话竟引来了全班同学3分钟的爆笑。我的那个比喻正好形象地概括了他的外貌、性格、行为方式及口吃的毛病，从此，这位同学有了一个绰号，第二学期成了流失生，差一个学期没有毕业，在当时，流失生虽然是常有的，老师也做家访工作，可对其他同学，我都上门了，当然有的还是没有来，可对他，我只是叫学生去通知他和他的家长一下，心里还是那样想：他这样的人不来更好。他到底还是没有来。

好多年过去来了，这批同学都一个个成家立业了，可条件较好的他总是找不上对象，姑娘们一听到他的绰号，就避而远之，没法，家人只得为他找了个外地的女子成亲。心中有了悔意，我自然对他的女儿特别的关心（大概是我想弥补我的过失）。他的女儿很懂事，又好学，真让我高兴。一次她跟我说："我对我爸爸说了，苏老师特别关心我的学习，不但关心我的语文，还关心我的其他课程。她说，她的爸爸留下泪珠了，诚恳地说，你要好好地听苏老师的话。"听到此，我的心又是猛烈地一痛，唉！我真的没有勇气去面对那个现实……

这是个反面案例，我们从中可以吸取些教训。如今，激励学生、让学生树立自信的"赏识教育"在教育界已众所皆知。但是面对犯错误的学生，教师着急起来也照样声色俱厉，什么话能让学生无言以对就拣什么话说，还自以为能催学生猛醒，促学生上进。殊不知，那些尖刻的话，诸如，"你怎么这么糟糕！""你看人家××，哪个像你这样！""你看人家××那么聪明，你怎么就这么笨！你比人家是不是少长了一根筋？""你怎么就这么没志气？"……细想想，这些话除了使能学生伤心、恼恨、自卑外，还能起到什么作用呢？所以在教育教学过程中，教师更应懂得激励学生、赏识学生，而不只是一味地指责、批评。

为了使激励教育达到最佳效果，教师应注意以下几点：

一、精神激励与物质激励相结合

物质需要是人的基础需要，衣食住行等条件的改善，对调动人的积极性有着极为重要的意义。人不仅有物质的需要，还有名誉、地位和成就等方面高层次的精神需求。在现实工作中，教师既要重视精神激励，又要结合物质激励，并把两者有机结合起来。一个小小的笔记本，一支

笔都可以激发起学生学习的热情，成为鼓励学生前进的风帆。

二、充分考虑学生的个体差异，实行差别激励

激励的目的是为了提高学生学习的积极性。影响学生学习积极性的主要有学习基础、学习目标、教师行为、个人发展、人际关系和学习环境等多种因素。教师应根据不同的类型和特点制定激励制度，而且在制定激励机制时一定要考虑到个体差异，因人而异。如在学习上较自觉的学生一般比较注重自我价值的实现，对已取得的学习成果老师要及时肯定鼓励，同时他们也更看重精神方面的满足，例如重点培养、提高兴趣、高标准要求等，这是因为他们在基本需求能够得到保障的基础上而追求精神层次的满足；而学习基础相对较低的学生则首要注重的是基本需求的满足。因此教师在制定激励机制时一定要考虑到学生的个体差异，这样才能收到最大的激励效力。

三、坚持正、负激励相结合

所谓正激励就是对学生的符合组织目标的期望行为进行奖励。所谓负激励就是对学生违背组织目的的非期望行为进行惩罚。正负激励都是必要而有效的，不仅作用于当事人，而且会间接地影响周围其他人。教师激励学生必须坚持以正面激励为主，应通过积极的正面的激励保持学生队伍的蓬勃朝气、昂扬锐气和浩然正气，形成团结奋进、奋发有为、开拓进取的良好局面。

四、实行激励个体与群体相结合

个体是群体的组成单位，处理好激励个体与激励群体的关系有助于正确发挥个体与群体应有的作用。如果只注重对群体的激励，可能形成平均主义；如果长期把重心放在少数个体身上，又可能影响大家的积极性。因此，在激励的顺序上应先激励个体，然后再激励群体。在激励手段上可先用单一手段，然后再采用综合激励手段。在满足需要上，一定

要先满足低层次的需要，然后再不断满足高层次的需要。

五、了解激励的必要先决条件

1. 支持性的环境

教师必须把课堂组织和安排成一个有效的学习环境，这包括鼓励学生，耐心地帮助他们学习，以及让他们乐于智力冒险而不必担心犯错误会导致批评。

2. 适当的挑战困难水平

如果学习太容易，学生会感到厌烦；如果太难，他们会产生挫折感。最能激发学生动机的是，让他们做一定努力并达到较高的成功水平。

3. 富有意义的学习目标

某些学习活动对于激发学习动机是不合适的。例如：反复练习已经完全掌握的技能，缺乏恰当理由的背诵，抄写在阅读或其他学习中永远用不上的名词术语的定义等材料。

4. 适度地运用

激励动机的尝试可能会被滥用，而任何特定的教学手段如果被过于频繁地使用都会丧失它的有效性。一位教育家说得好："当教师教育学生时，如果学生知道你在教育他，你的教育就失败了。"是的，对于潜移默化的思想工作来说，不正是如此么？只有慢慢渗透，如细水长流，才会收到意想不到的奇异效果。

对学生的激励教育切忌空洞的说教，应让学生在亲身感悟和体验中不知不觉地接受老师的教育思想，做到"随风潜入夜，润物细无声"。正如苏霍姆林斯基说的："教师要把自己的教育意图隐蔽在友好的、毫无拘束的氛围中。"教书育人是教师应尽的天职，教师应该倾注爱心，把自己看成是学生全面发展的促进者。

第五章　懂得激励学生

第六章　批评中贯穿说服教育

　　教师批评学生时，往往要对其进行说服教育。所谓说服，是指好好地向对方说理，使之接受，试图使对方的态度、行为朝特定方向改变的一种影响意图的沟通。在日常的教育实践中，教师为了依据自身的教育理念引导学生的态度和行为朝理想的方向发展，总要反反复复地进行说服性沟通。这一章我们就来讲一下说服的基本方法、主要步骤及相关技巧，以求更好地达到教育学生的目的。

第一节 教师的说服教育

实际上，在教育实践中，"说服"作为指导的一种基本方法，要求教师钻研说服的理论和技术。强调纪律与处罚的管理主义会造成学生的心理发育异化，引起种种的教育疾病，这已经是众所周知的事实。不靠纪律与处罚的教师的说服性指导，才是当今时代的主流。

教师的说服性沟通对学生有不同层次的影响。如正面影响和负面影响：学生接受教师的说服，在态度和行为上有所好转，或者相反，学生对教师的说服产生叛逆和抵触，导致负面效应。又如，暂时影响和长久影响：教师的说服性影响是限于一时一地还是长久的持续的。再如，对态度、行为、人格的影响：教师的说服性沟通是否可以对学生世界观、人生观的培养与建立起到积极的影响。教师的说服性沟通是否有效，就要看教师是否采取了行之有效的技巧。所谓有效的说服技巧，是指如何使说服的内容与形式增加说服力，这种说服技巧的问题自古以来就被以雄辩术和修辞学的方法加以研究。

教师在与学生沟通的过程当中，能够达到预期结果，语言在其中起到了独特的魅力。教师在语言艺术上应达到三种境界：

一是情在言先，语言是情感的载体，情感是语言的灵魂，没有情感的语言是干瘪的。别林斯基说："充满爱的语言，可以使劝说发出熊熊的烈焰和热"。情感是语言的表达过程中的乘号，语言中充满情感，会使语言的感染力成倍地增加。

二是理在言中，中国有句俗语："有理走遍天下，无理寸步难行。"对待世界观正在形成期的学生尤其如此，要让他"知其然"，还要"知

其所以然"。

三是意在言后，谈话虽然结束但意味深长，让学生慢慢地去反思，去品味，产生"余音袅袅，绕梁三日而不绝"的效果。

在三种境界的指引下，要使沟通的技巧不断地推陈出新，不断地丰富发展；使教师在与学生沟通的过程当中，能够走进学生的心灵深处，真正地起到"润物细无声"的作用；使学生能够真正地理解老师的良苦用心，在老师的指导之下，完善自己的人生观、世界观。

第二节　说服的基本方法

一、角色置换法

教师与学生的角色身份存在着一定的差异，因而不可避免地会对同一问题的认识存在着差异和分歧。为此，教师在批评学生时应进行必要的角色换位，即教师站在学生的角度来观察、思考和分析问题。在说服教育中，当学生说出某一个令你几乎难以接受的观点和要求，或做出某个你似乎难于理解的举动时，你首先不要指责或埋怨学生，而是首先要问一问自己，学生为什么会提出这种观点和要求？为什么要有这种举动？假如我是他（他们）又会怎样做？教师只有设身处地与对方站在同一立场上来观察、思考和分析问题，才能与学生在情感上达到相融，在认识上取得一致，从而使说服教育顺利进行，并能取得比较满意的说服效果。

采用角色置换法进行说服，首先要求教师要准确地把握学生的特征。其次要清楚说服对象的意图，设身处地地站在对象的立场上考虑问题。再次是角色置换恰当，要真诚、谦恭，不要显示自己比对象高明。只有做到这样，才能消除对象的抵触情绪，赢得信任和理解，心悦诚服地接受正确意见。

二、角色正名法

教师角色，是指教师在特定的社会组织中的身份、地位以及由此而决定的言行模式。角色正名法是教师在说服活动中，以确切的身份进入

特定的角色行为模式与对方进行交流。正如俗话说："名不正，则言不顺，言不顺，则意不达。"教师需运用角色正名法来促使说服教育顺利进行。

教师的角色模式主要是学生组织的代言人、协调者、决策人、管理者及统帅者等。教师的这种多维角色是与教师在社会组织中的职能作用相联系的，这种职能作用要求教师在说服中，必须使自己的言行符合其行为规范。在教师说服教育活动中，当一个教师以一定的角色与学生进行交流时，学生就对你所扮演的角色产生一种期望。在说服中，如果你不能以确定的角色与对方进行交谈，那么你的说服就会苍白无力；如果你的言行不能满足对象对你的角色期望，那么你的说服就不能为对象所接受。因此，教师必须清晰自己扮演的角色。

三、借力说服法

在教师进行说服教育中，有时自己的力量往往单薄，如果巧妙地利用外力进行说服，即借力说服法，则可达到事半功倍的效果。借力说服法是指教师进行说服活动时，为使说服更加有效有力，而借助于外界的力量，如国家法规、学校规章、科学结论、名人言论等，来造成一种说服声势或压力，以增强说服力。运用借力说服的方法来进行说服，可以强化说服的力度，起到顺风托势，借势用力的效果。

在说服教育学生时，还有借助教育者真情的感染力、一定的典型事例、有力的逻辑条理、名人的威望、科学的知识、社会的舆论、学生自身的心理情感与利益需要等多种力量，这样才能增添说服色彩，增强说服的气势和效果。

四、问题解决法

人虽然是感情动物，但人的生存并不总是凭借感情。人要生存还要凭借理性力量，人对外界的反应，应该是感性和理性两种，可惜，我们中国教师总是把学生当作感性动物，口里说着"以理服人，以情动人"，但在真正的落实中几乎能看到的都是采用以情动人的方式。大家也知道，以情动人的难度是相当大的，因为，感情这种东西，并不是你要它来它就来，首先必须你自己也被感动，然后你才有办法把感情传递给学生，但在很多情况下，却不能感动学生。所以这时，可以多使用理性的逻辑力量来改变学生。

学生们的行为不当时，表面上告诉我们的是：他们需要帮助，需要学习更好的行为方式；实际上，他们是在告诉我们，他们的某些基本需求没有得到满足，这些未满足的需求促使他们做出了不当的行为。

在众多的心理疗法中，格拉瑟的现实方法——问题解决法是一种有效的方法。现实疗法是由美国精神病学家威廉·格拉瑟所开创的一个心理咨询和治疗流派。他认为每一个人总是生活在一个"现实的"世界中，要满足他的基本需要，体验到成功的统合感，就必须在现实环境中有合适的行为。只有他做出合适的选择，合适的行为，他才有可能从与环境的关系与他人的关系中获得他需要的东西。从这个意义上说，一个人的命运取决于他自己，必须由自己对自己负责。换一种说法，环境中总是存在社会评价、社会期望、奖励和惩罚的力量，一个人要满足自己的基本需要，必须依赖环境和他人，而他能控制的是他自己的行为，他能够决定自己做或不做、怎样做某些事情，使自己的行为既符合自己的需要，同时又不剥夺他人满足他们自己的需要的机会。这样的行为才是现实的、负责的行为。具体来讲，问题解决法具有以下的优点：

（1）它具有随时可以操作，不需要教师酝酿感情，因为它重的是逻辑。

（2）它学习起来方便，操作程序化，易学易用。

（3）可行性强，见效快。这种方法使用熟练后，一般的问题可以使所有的学生愿意说出事情真相。

具体操作可参照本章接下来的内容。

第三节 说服的主要步骤

第一步：表明善意

在开始阶段的交流中，教师必须让学生明白两点：①教师的目的是来帮助学生，并不是为了惩罚学生；②教师认为学生犯错误只是某种技能的缺乏，而不会把学生视为人格低下或品德有问题的人。必须要让学生对教师建立起信任感，否则，以下步骤便没法展开。

第二步：了解真相

要求学生如实地描述自己的行为。为什么呢？在处理某些学生的违纪行为时，不要总是认为，这个违纪行为太明确了，只要有一点道德判断的人都会认为这是不对的。要知道这些学生之所以违纪，正是他们的感知能力尚有缺陷。比如，他在班上大吵大闹，并没有意识到自己的行为对别人构成了负面的影响，如果当学生意识到自己的行为对别人构成了负面的影响，给别人添麻烦了，一般会愧疚而停止该行为。所以，对自己行为的描述，很有助于帮助学生对自己的行为作出价值判断。

第三步：价值判断

在学生对事件描述之后，紧接着应该是价值判断，如果学生认为这个事件是很有价值的，那么，即使教师喝止了这些行为，也无法保证学生以后不会发生相类似的问题，除非学生意识到从事这个事件是没有价值的。所以说，我们必须引导学生作出价值判断。

很多时候，学生犯错误最重要的一点就是因为对这个事件的价值缺乏考虑，当然在某些时候是价值观的错误，不过这种情况不算多。我们可以这样问学生：

（1）"你认为你做的这件事情对你的家庭有好处吗？为什么？"或者"你爸爸妈妈看到你这样的行为会感到高兴吗？为什么？"

（2）"这件事情对老师有好处吗？为什么？"

（3）"这件事情对你有好处吗？为什么？"

（4）"这件事情对你身边的人有好处吗？对班级有好处吗？为什么？"

这里要注意几点：

（1）在引导学生作价值判断的时候，一定要有足够多的数量的询问，只有这样才能较好地引导学生从各个角度反思自己的行为。

（2）学生一般情况下会回答没有好处，教师一定要继续追问："你把没有好处的地方说出来看看。"在许多情况下，绝大部分的学生会认识到行为是没有意义的，但有些学生是表达不出来，教师一定要注意，在大多数情况下，学生说不出来是因为平常很少反思自己的行为。因此，他们是真的说不出来而不是负隅顽抗，教师要在旁边辅导。比如："如果没有发生这件事情，老师可以回家做一些家务事，或者备课，或者和大家聊天，因为发生了这件事情，老师就只能和你一起来处理这些不愉快的事情了。"一般情况下，学生马上会意识到自己的行为给别人带来了烦恼。

（3）如果在价值判断询问过程中，学生依旧坚持自己的行为对自己很有价值，我们要注意，学生可能真的是认为这事有价值，其中原因是学生无法判断清楚短期的价值和长期的价值。我们可以帮助学生列一份清单，比如，短期内可能有助于宣泄感情，但是，长期来看，谁都没办法靠此来维持人际交往，引起同学对自己的社交能力的怀疑，甚至认为你的品德上有欠缺。

4. 如果学生还是坚持认为自己所做的事情是有益的，教师要注意

了，学生可能心里并不是这么想，而仅仅是嘴硬，这是在考验你的耐心。你可以建议学生："过一会儿我们再来谈这个问题可能更有助于解决问题。"最后，老师就可以问学生："这样看来，你认为你刚才做的这件事有没有错？"如果上边的价值判断的询问已经很到位地完成，学生的答案就只能是一个"我错了"。

第四步：策略询问

当学生已经认识到自己错时，千万不要给这次谈话画上休止符。因为说服教育不但要让学生认识到自己的错误，还要让学生在认识错误的基础上培养出新的解决问题的技巧。因此，我们可以接着询问学生："以后我们怎样才能避免事情的再次发生？"学生可能说："我努力避免，我再也不参与打架了。"等等，这时教师要继续坚持："你愿意改正我听了很高兴，你能不能告诉我你具体的改正措施？"绝大部分学生在第一次遇到这样询问的时候都会怔住，教师可以接着说："你有这个决心非常好，但如果你现在没办法说出你如何改正，你认为以后你还会有可能有行动吗？"学生经常在此时陷入思考。这里要求学生必须把具体的计划和措施说出来，比如，建议上课迟到的学生分析一下迟到的原因，然后克服。例如：

方案一：我迟到是因为我起床太迟了，所以，我使用闹钟，让自己准时起床。

方案二：因为我让妈妈在该起床的时候叫一下我，所以我绝对不可能再次迟到。

方案三：因为我让早起床的××同学在起床后就打个电话给我，所以我是绝对不可能再次迟到的。

方案四：因为我准备在晚上××点就开始睡觉，所以，我绝对不可能再次迟到。

学生提供的改进策略越多，改进的可能性越大。

问题比较严重则可以和学生一道商量订立"改进契约"：我计划本

月内最多只能有×次迟到，下个月只能有×次迟到。我请××同学当我的增加优点的监督员，我将在×月×日和老师一起讨论计划实施的情况。我具体的改进措施如下……

注意"改进契约"是针对某些顽固性的错误，一些偶然性的错误不必使用"改进契约"，免得学生认为小题大做，同时改进计划必须有可操作性。

比如，学生说"我要准备努力学英语"，你必须让他说出具体每天把多少时间用在英语上，每天准备完成多少题目，由谁来监督，多长时间，检查讨论计划实施的进度等等。特别注意，这些计划最好都要出现数字，变成可量化的，而不是使用"会努力"、"尽力去做"等等模糊的字眼。

第五步：帮助

许多材料表明，同一般学生相比，处于险境的学生最需要老师的帮助，因为处于险境的学生都有一个共同点，就是自我控制能力低于一般的学生。但不幸的是，这些最需要帮助的学生却往往是从班级中得到帮助最少的。所以，教师养成有计划的干预是一个重要的环节。

第六步：监控与强化

这可分两种情况：一是常规性的强化，即在规定的时间内讨论计划的进度。二是临时性的强化，如果你看到学生的表现比较令人鼓舞，应该通过语言或者其他方式表示祝贺与赞扬，并询问学生对取得成果后的感受，也可以写一封表扬信让学生带回家给父母；如果发现学生有些表现同计划有出入，也可以在看到现象之后进行短暂的商谈，引导学生按计划进行。

第七步：失败后的对策

如果计划失败了，教师务必要冷静，要明白这只是计划失败而已，并不是教师为人和学生为人的失败，失败只不过提醒：我们的计划有问题，需要修改。教师此时不可以惩罚学生，因为你在原先的方案里并没有惩罚的约定，教师应该和学生一道重新审视计划，因为我们前一轮已经对学生的行为进行过检讨，学生也做出愿意改变的承诺，因此这个重复并不会占用教师很多时间，在这个阶段教师除了要克服自己烦躁的情绪，还要防止学生推脱责任，学生常见的推脱说法是"因为别人……所以我……"，在班级规则里要有一条，别人的错误行为不能成为你犯错误的理由。老师的主要工作是询问学生失败的原因以及如何制定一个新的改进措施，在必要的情况下，还可以制定惩罚措施，规定在某种情况下必须启动惩罚措施，惩罚的级别是逐渐上升的，而且师生双方知道认可的，惩罚的目的是为了培养学生的良好行为。

第四节　恰当地运用说服

说服，是摆事实、讲道理，循循善诱、以理服人。说服语是运用最广泛、最常见的一种教育口语。运用说服语应注意：

一、理由充分、论证有力、以理服人

"说"是手段，"服"是目的。要通过摆事实，讲道理，以理使人服，切忌用空洞的说教、官腔、套话、假话来强制、压服、诱骗学生，要对问题进行实事求是的分析，摆理、讲理、明理，使学生心服口服。

二、分析说服的对象

说服语针对性很强，不能知人，就难于说服人。教师在说服之前，必须了解和掌握说服对象，对于不同的教育对象进行说服教育，要根据他们的年龄、个性、心理上的差异和思想状况提出不同的要求，采用不同的说服方式，使用不同的语言，有的放矢地采取最佳的说服方式。对于沉默寡言、性格内向的学生，宜语气平缓，说话婉转，言语中含有极强的浸润力；对于放纵不羁、性格外向的学生，说服中宜单刀直入，认真严肃地把话说透，或说话软中带硬，让学生能从中品味出话语的分量。针对不同情况的学生，做到刚柔相济，才能促使其接受教育，转变认识，达到说服教育的预期目的。总之，做到"一把钥匙开一把锁"。

三、寻求双方的心理相容

说服，首先要攻克对方的"心理防线"，消除对方的紧张、戒备和

疑虑等不利于谈话的心理状态。"心理防线"就像一堵墙,使你的话语说不到学生的心里去。要使学生心悦诚服地信服你,接受你的意见,就必须从说服的内容和情态方面与学生的心理情感相融洽。努力做到淡化动机,创造良好的说服气氛,这可以从闲谈入手。

四、要随机施说

随机施说,就是顺应事物发展的客观变化,掌握"机缘",灵活处理。说服活动都是在一定的时境、心境、语境中进行的,因此,说服者要能够利用事物的变化,把握情势,开展说服活动。要根据不同的说服内容、不同的说服对象,随机应变,力求达到好的效果。

说服中根据情势的发展,有时顺水推舟,有时顺事说理;有时顺势成趣,自然贴切,易为人所接受。如果对方抵触情绪较强烈,一时难以接受意见,说服者可稍作让步,从长计议,不宜急于求成。如果双方对事物的看法不能一致,则可以"折衷",有的不同意见还可以"并存"。说服中不宜正面发生冲突,应当考虑对方的自尊心,说些宽宏、体谅的话,给别人留点面子,避免伤了感情,这样能促使对方重视你的意见,转变态度。

五、说服的态度要耐心诚恳

欲使人心悦诚服,就要求教师对学生有一颗爱心,对工作有强烈的责任心、使命感,对学生以诚相见,使学生能感到教师的严格要求,更能体验到老师的关怀和爱护。说服中不能采用空洞乏味的说教和成套理论来灌输,而应当根据学生的理解水平,运用身边的实例,通过对比、讨论、分析、探讨,从具体到抽象,从感性认识向理性认识过渡,如春风化雨,润物无声,启人心扉,这样才能导之以行,戒之以法,收到实效。

六、以事喻理

通过摆事实的方法让学生明白其中的道理。教师可以运用启迪语引导学生。从感情色彩上看，启迪语分为理性启迪和情感启迪。理性启迪是通过分析、说理来启发学生自己提高认识。它从提高理性认识入手，使学生知正误、明是非，但要注意不就事论事，对"事"或问题的内涵加以分析、概括、提炼、延伸，运用富于理性色彩的语言加以渲染、表述，使事理得以升华。情感启迪则对学生进行感情的熏陶。

七、为自己和对方考虑"下台阶"

当然，任何一个理智正常的人，都希望能得到别人的承认和重视，每个人都有自尊心，都不愿在人前或对方面前丢面子，所以，我们要说服他人，必须针对这一实际状况采取办法，在做说服工作时要留有余地，不要把话说绝对，要给被说服者留面子，注意为自己和对方考虑"下台阶"。

下台阶的具体方法很多，如转移话题法，如果看到对方已有转移迹象，就不要穷追不舍，硬要对方说出自己的不足，而是及时地将话题引到别的方面，肯定他人的优点，承认自己的错误，使对方心理能得到平衡。采取认同的方法，对他的观点表示赞同，让他的心理方面得到满足，然后再指出他的弱点，或者他的观点中不足的地方，这样他就容易接受，并且还可能对你产生好感。

第六章 批评中贯穿说服教育

第五节　几种说服的技巧

说服需要讲究技巧，下面几种说服技巧对学生的说服教育是十分有用的。

一、先欣赏，再说服

当我们听到他人对自己的优点加以称赞后，再去听一些不愉快的谈话，自然会比遭受直接批评感觉舒服一些。这正如理发师在给人修面前，先给人涂上一层肥皂一样。

1896 年，麦金利就曾把这种说服他人的方法运用到了美国总统的竞选中。当时一位知名的共和党人写了篇竞选演说稿，他自认为比西西洛、亨利和范斯德三人合起来所写的都要好。于是，这位先生非常高兴地在麦金利面前大声读起来。这篇稿子有他的优点，但麦金利总觉得有些不合适，感到它只会在公众面前招来非议。麦金利必须在不妨害两人之间交情的前提下向他说"不"。让我们来看看他是怎样巧妙地处理这件事的。

"我的朋友，这确是一篇精彩的演讲稿。"麦金利说，"你写得比其他人都好。在一般情况下，它很合适。但在今天这样的特殊场合，你看一看是否合适？也许你已认为它很合理与慎重，但我们必须从整个共和党的角度出发，来考虑它造成的影响。现在你回去，想想我的提醒，按照我的指示，再写一篇送过来。"他按照麦金利的意思做了。麦金利又帮他改了一改，并最终敲定。也正是这篇演讲稿在后来的竞选活动中发挥了重大作用，使麦金利获得了竞选的成功。

1862 年，是美国内战最黑暗的一年。战争连续 18 个月，林肯总统的联军屡遭惨败，整个北方一片混乱。数千名士兵从军中溜掉了，一些共和党的议员也开始叛乱，想把林肯赶出白宫。这是一个黑暗、忧愁、混乱的时期，林肯在这一年的 4 月 26 日给野心勃勃的胡格将军写了一封信。信是这样写的：

"我已经让你担任波特马克的陆军总司令，当然我这样做是有充足的理由的。但我想我最好告诉你，对于有些事情，我对你不是十分满意。我相信你是一位有勇有谋的将军，我对你十分欣赏。我也相信你能把政治和军事分清楚，你这样做是对的。你自信，这是一种有价值的不可缺少也很可贵的性格。在相当的范围内，有野心是有益无害的。但我想，你出于个人的意志，竭力阻挠波安斯将军指挥军队，这对于一个功勋卓著的将军来说，你的确犯了大错。我曾听说，并且由于信息可靠我也相信，你最近曾说政府和军队都要一位铁腕人物。当然，我不是因为这个，却也不计较这个，我才给你这样的任命。只有那些得到胜利的将领，方能成为铁腕人物。我现在想要的是战场上的胜利，我可以将独裁权交给你。无论过去，还是未来，你和所有的指挥官都将得到政府的有力支持。我很担心你以前所灌输给军队的那些风气，对领导的非议和不信任。而现在你将面临着同样的非议和不信任，我将尽其所能帮助你消灭这种风气。当这种风气在军队中存在时，无论是谁，即使拿破仑在世，也无法指挥军队取得战争的胜利。现在你要注意，不可草率，要以旺盛的斗志和不懈的努力，挥军向前，取得胜利。"

这封信中隐含着一种严肃的谴责，但字面上却依然委婉诚恳，娓娓动听。胡格将军看到此信，能不衷心感动而甘愿效忠吗？

二、给人一个纠正自己错误的信心

教师一定要让学生相信，改进自己的弱点并不是那么困难，只要树立信心，终能改正过失。很多人都了解自己的弱点和缺陷，但他们一般不会为此努力改进，人们认为改进弱点是非常困难的事。如果我们不断

地鼓励他，帮他树立信心，使他觉得这是一件很简单的事，那最后缺点就一定会被改正过来。

三、建议性的说服方法让人放弃对抗

建议的方法，使人容易改正错误；建议的方法，维护了个人的尊严，给对方一种自重感，促使他与自己合作，而不是对抗。"建议"往往比"命令"好用。用"建议"不仅不会伤害对方的自尊，而且能使他愿意改正错误，并接受你。

建议的方法会让人轻易地改掉毛病，而且还能保持个人的尊严，给他们一种自重感，并接受你，愿意与你合作。

有一次，一个学生把车子停错了地方，因而挡住了别人的通道。一位导师看见了，他在学生正在上课的时候，冲进教室很不客气地说："堵住车道的车子是谁的？"那位学生回答之后，导师更加粗暴地说："马上把车子移走，否则我就叫人把它拖走。"

是的，这个学生是错了，车子是停在了不该停的地方。但从那天起，包括那学生在内的全班学生都对那导师心存不满，那位导师的日子也因此变得不好过。

那位导师原来可以不这样做的。他可以好好地问："请问，谁的车挡住了通道？"然后建议学生把车开走，以方便别的车进出。那位学生肯定会乐意这么做，同学们自然也就不会对他不满了。

由此可以看出：无礼的命令只会导致长久的积怨，即使这个命令可以用来改正他人明显的错误。

第七章　多种沟通方式并用

随着时代的发展，老师与学生、家长之间的沟通手段也越来越多了，由原来的传统的面谈、家访、评语、写信等方式发展到现在的电话、博客、电子邮件、QQ 等方式，各种各样的沟通方式为人们提供了便利的沟通渠道。就批评教育而言，方式、手段自然也更多样化了。当然每一种方式都有其自身的优点与缺点，一个优秀的教师要善于选择合适的沟通方式，进而实现良好的教育效果。下面我们来介绍几种常见的沟通方式。

第一节　书信

　　书信是一种很传统的批评方式，但也是一种很有效的方式。正处于青春期的中学生在遇到生活、学习、情感、人际交往上的一些问题时，出于各种各样的原因，不愿意甚至不敢开口与老师沟通，与家长交流，从而导致师生关系紧张，亲子矛盾加剧，学生成绩下降，甚至也因此诱发了学生的一些心理疾病，严重影响学生的身心健康与成长发展。在这种情形下，作为老师的我们，到底该运用什么方法才能有效地让这些学生打开心扉就显得尤为重要。

　　我们不难发现这样的情况：平时看到老师都会害羞跑开的孩子，在信中竟然侃侃而谈，毫无保留地向老师诉说着内心的想法。是不是书信沟通这种教育模式，更有利于师生间的交流呢？答案应该是肯定的。书信沟通比口头交流更容易走进学生的内心世界，更容易打开他们的心扉。调查结果表明，在与老师和家长的交流方式上，68%的学生倾向于书信沟通。那么，书信沟通到底有哪些优点呢？

　　1. 书信沟通比较正式

　　老师在百忙中抽时间给学生写信，会使学生感到被尊重，受重视。而无论是成年人还是青春期的少年，显然都喜欢这种被尊重，受重视的感觉。因此，与尊重他们，重视他们的人交流，他们就格外上心。

　　2. 书信批评能最大限度地保护学生的隐私

　　青春期的少年比较好面子。他们也知道要为自己做的错事承担责任，接受惩罚，但他们又反感老师不分时间，不分场合地进行批评教育（尤其是当着同学或其他老师的面）。他们有很多心里话想说，却又怕被其他人听了去，遭到议论甚至耻笑。书信在这方面就有很大优势——既能传递信息，又能最大限度地保护学生的隐私。这样的沟通充满平等与尊重，学生自然喜欢。

3. 书信能消除面对面的拘束感

面对面的口头交流会让学生感到不好意思，甚至无所适从。有些话想说，却怎么也不好意思开口。用书信沟通，师生间不必当面接触，只需要把沟通的内容写下来。在写的过程中减少了心理、环境的影响，还可以反复斟酌修改，使自己所要沟通的内容得到充分的表达。

4. 书信能更好的促进学生进行自我反省

中学生在学习生活中，往往会因为一点鸡毛蒜皮的小事就和同学起争执，和老师对着干。如果老师当头棒喝，严厉斥责，学生很容易产生逆反心理，甚至会把事情越闹越大。不如先让他们冷静冷静，用一封书信加以适当引导。学生看信后自会反思。事后多数会当面或书面道歉，承认错误，并为自己开出药方。这样一来，师生矛盾很容易就化解了，也不会在学生心中留下阴影。

5. 书信更容易拉近师生间的距离，使师生关系更融洽，师生交往更和谐

老师写给学生的信，字里行间渗透着无尽的关爱；敏感而细腻的学生，又怎会读不出来老师的良苦用心。他们感受到老师的爱，增进了对老师的信任，师生间的距离也就拉近了。调查显示，91%的学生会对自己喜欢的老师特别尊敬，89%的学生或多或少会因为讨厌某老师而讨厌他所任教的学科。由此可见，书信在拉近师生距离的同时，也有利于激发学生的学习热情。

6. 书信教育能有效地为学生进行心理减压

通过老师的正确疏导，学生的不良情绪得以释放，有利于学生的心理健康。

……

有人也许会问："既然书信沟通对学生的成长有那么多好处，是不

是说以后就用不着找学生谈话了？其他批评方式就可以下岗了？"

当然不是。不可否认，面对面的口头沟通在信息传递的时效性、教师的劳动量等方面有着不可超越的强势；而书信沟通虽然更符合学生的心理发展需求，却要占用老师大量的时间、精力，效果也不一定能够立竿见影。因此，我们提倡应该把书信沟通当做口头沟通的一种有效补充，两者结合共同发挥作用，而不是用书信沟通取代口头沟通。

当然，随着科技的日新月异和信息技术的发展，书信沟通呈现出多样化的趋势——比如我们可以利用电子邮件（Email），QQ，MSN，个人博客等媒介与学生进行书信交流（只不过这种书信的载体是电子文档而不是纸张）；也可以利用学生每周的周记、班级留言册等与学生进行简短的沟通。有时候，我们只是多花了十几分钟时间，却足以改变一个孩子一生的命运。

总的来说，书信沟通对学生的身心健康与成长发展还是十分有利的。大家不妨都来试试看，让我们在纸间传情，用书信架起学生成长的桥梁。

写信要耗去教师的大量时间，需要教师有持之以恒的精神，但收获也是持久的。那么，怎样与学生保持书信交流呢？

一、巧妙建立联系

以了解思想和汇报思想为目的的师生通信，学生是不会欢迎的。因此教师发出的第一封信，应避开容易引起学生的反感或误会的内容，从学生最关心、最感兴趣的话题谈起。

另外，为了不使学生感到突兀，教师的第一封信还应该选择一个恰当的日子发出：或是这位学生生病在家的时候，或是他正为考试失利难过的时候，或是他的生日那天……总之，只要教师对学生有充分的了解，他就一定能找到发出第一封信的"借口"，并可以充满信心地等待学生的回信。

二、内容不限

师生书信联系，应建立在双方自愿的基础上。特别是对学生来说，他给老师写信，应完全是出于自身的需要，而不是碍于老师的情面。而要让学生保持与老师通信的兴趣与热情，教师要特别注意，不应对书信内容有所限制，相反，要尽量让学生有充分的思想自由，不断丰富书信的内容。学生在书信中话题越宽，越说明他对老师很信赖，这样，师生的书信联系便越稳定、越持久。

三、平等对话

与教师对学生的"个别谈话"一样，师生在书信往来中也是绝对平等的。在书信中，学生可以向老师咨询，教师也可以向学生请教；教师可以向学生表达期望，学生也可以向老师提出建议。双方可以展开坦率的讨论甚至可以进行激烈的争论，但都不应把自己的观点强加给对方。即使教师的回信是目的性很强的心理辅导，但字里行间仍然不能有任何强迫学生接受的色彩，就像是一种来自朋友的诚恳劝勉一样。

虽然教师与班上每一位学生都保持频繁的书信往来是不现实的，但教师无论怎样忙，最好选择性地与班上具有某些特殊性的学生保持书信交流。因为对这些学生来讲，书信也许就是最有效的心理辅导和沟通方式。

书信交流，是师生间一种可贵又重要的沟通方式。通过一封封的书信，教师走进了学生的世界，把握了学生思想上的一些变化。其中有些书信可能反映了班上学生之间的矛盾；有些书信可能反映了师生的矛盾；还有些书信可能反映了学生与家长的矛盾。总之，书信交流通过文字的表达，实现了师生间心灵上的倾诉，让沟通变得"零距离"，为师生交流构建了又一个平台，我们教师应多多使用这一传统交流方式，让每个学生都有一个健康的心理和良好的学习欲望。

第二节　作业评语

1976 年，奥斯丁做了一个实验。他把高中教学班的学生随机分成两组，对其中一组学生的作业不加说明地判出分数，而对另一组学生的作业不仅给出分数，而且还加写评语，用以赞扬或鼓励学生。后来发现，写评语的学生的平均成绩高于没加评语的学生。作业评语不仅是师生间教学信息的反馈，还是师生间进行心灵对话的沟通平台。它能无声地给予学生恰当鼓励、正确引导和善意的鞭策，使优等生继续发扬成绩，中等生更上一层楼，后进生从头跃进。

教师应针对每个学生作业的不同情况，字斟句酌地写下恰当的评语，使作业评语取得最佳的沟通效果。如对作业拖拉的学生，写上："老师相信你，今后能按时完成作业的！"对书写不清晰的学生，写上："你很聪明，如果字再写得好一点，那就更好了。"对怕动脑筋、在作业本上开"天窗"的学生写上："刀越磨越锋利，脑子越用越灵活，老师相信你能行！""不懂的地方，老师欢迎你来问！"对抄袭作业的学生，写上："诚实是一种美德，用你聪明的脑子、灵活的双手去完成作业，肯定会得到优的！"对思维活跃、书写马虎的学生，写上："你很聪明，只争朝夕，若再稳些，定会前程万里！"对有一技之长的学生，写上："你的歌唱得真美，希望你的作业也能做得清清爽爽、美得惊人！"

诸如此类的评语不再是干巴巴的文字符号，而是一句句感人的心语，一幅幅美丽的画卷。它不仅有利于启迪学生的智慧，调动学生的学习积极性，更有利于沟通师生情、伙伴情，使学生享受到极富有情趣和人情味的陶冶。来看一个案例：

肖复兴是活跃在当今文坛的著名作家。《那片绿绿的爬山虎》一文，说的是他回忆少年时代受到叶圣陶先生的关怀教导，走上文学创作之路的事。

小时候，捏着可怜巴巴的一角七分钱，踮着脚尖从家门口对面的邮局里买来一本《少年文艺》时，肖复兴开始迷上文学，并渐渐沉浸在我国当代文学之中，鲁迅、冰心、叶圣陶、许地山……一位位相继闯入他的心中。他们的作品令肖复兴爱不释手。冥冥幻想里，他像今天青少年朋友一样，想像着他们的模样、为人及性格。但是，肖复兴没有想到有一天自己会结识他们当中的一位，并且能够聆听他的教诲。

1963 年，肖复兴正上初三，写了一篇作文《一张画像》，是写教他平面几何的一位老师。经肖复兴的语文老师推荐，这篇作文在北京市少年儿童征文比赛中获奖。

一天，语文老师拿来一个大本子对肖复兴说："你的作文要印成书了，你知道是谁替你修改作文的吗？"

肖复兴睁大眼睛，满脸疑惑。

"是叶圣陶先生！"老师将大本子交给他说，"你看看，叶老先生修改得相当仔细，你可以从中学到不少东西！"

肖复兴打开本子一看，里面有这次征文比赛获奖的 20 篇作文。

他翻到自己的那篇作文时，映入眼帘的是红色的修改符号和改动后增添的小字，密密麻麻，几页纸上到处是红色的圈、勾或直线、曲线。

回到家，肖复兴仔细看了几遍叶老对他作文的修改。题目《一张画像》改成《一幅画像》，让他立即感到用字的准确性。类似这样的地方修改得很多，倒装句改得很多，长句子断成短句的地方也不少。

有一处，肖复兴记得十分清楚："怎么你把包几何课本的书皮去掉了呢？"叶老改成："怎么你把几何课本的包书纸去掉了呢？"删掉原句中"包"，这个动词，使得句子干净也规范多了。而"书皮"改成"包书纸，更确切，因为书皮可以认为是书的封面。肖复兴从中受益匪浅，

这不仅使他看到自己作文的种种毛病，也使他认识到文学创作的艰巨，不下大力气，不一丝不苟，是难成大气候的。虽未见叶老的面，但肖复兴却从他的批改中感受到他的认真、平和以及温暖，如春风拂面。

叶老还在肖复兴的作文后面写了一则简短的评语："这篇作文写的全是具体事实，从具体事实中透露出对王老师的敬爱。肖复兴同学如果没有在几件有关画画的事儿上深受感动，就不能写得这样亲切自然。"这则短短的评语，树立起肖复兴写作的信心。

那时，他 15 岁，一个毛头小孩，居然能得到一位蜚声国内外文坛的大文学家的指点和鼓励，内心的激动可想而知，他的信心和幻想像飞出的一只只鸟儿，纷纷抖动着翅膀。

德国教育家第斯多惠说："教学的艺术不在于传授的本领，而在于激励、唤醒和鼓舞。"叶老根据学生的心理特点，在作业评语方面运用语言激励，激发起学生学习的内驱力，为学生的终身学习创造了契机。

这种无声的语言传递着师爱，表达着期盼，启迪着智慧，不仅表现了叶老的认真、平和以及温暖，还给学生带来了意外的惊喜和深深的感动，使肖复兴走上了文学创作之路。

如果教师能像叶老那样多花费一些心思和时间真诚地给学生写评语，让他们在作业评语中接收到有益自己身心发展的信息，就能引起师生情感的共鸣，达到教与学两者的和谐与统一。

许多老师通常是用"√"或"×"来评判正误，采用百分制或等级制量分。虽然这种方法在判断学生解题方法的正误，确定学生学习成绩的好坏，比较学生学习能力的差异方面有一定的作用，但不能全面评价一个学生的基本素质、学习潜力。这样既阻断了师生之间思想、情感的交流，学生的学习情绪又得不到及时的调整，尤其是那些由于书写能力差或学习能力差怎么也得不到优的学生，始终处于失败的阴影中。

老师应将评语巧妙地引入作业的批改中，使学生更清楚地了解自己作业中的优缺点，从而加强师生间的交流，促进学生各方面和谐统一的发展。评语的形式和内容是多样的，可以从以下几个类型把握：

优秀教师的批评艺术

一、赞扬型

任何学生都有自尊心和荣誉感，当他们在学习成绩上取得进步时，皆渴望得到教师的鼓励和表扬。如一道综合性较强、有一定跨度的论述题，一些学生不循常规，且作答简洁明了，很能说明问题。对此，可下批语："你有敏捷的观点和思维能力，答题思路不同凡响！"这样学生从简短的批语中，自然而然地受到创新精神的鼓励，而且感受到教师对自己的认可，无形中就会拉近与老师的情感距离。

二、鼓励型

对于学生的每一点进步，如书写认真或成绩进步，或作业有独到之处时，教师都要及时给予鼓励。如批语"百尺竿头，更进一步"、"欲穷千里目，更上一层楼"、"认真出成绩，勤奋出天才"、"一分辛劳，一分收获"，等等。教师热情的鼓励势必给学生带去前进的信心和力量，对沟通师生心灵、融洽师生关系都有益处。

三、希望型

对于那些成绩居中但进步较快的学生，教师应给他们以希望的批语。如"某某同学学习进步大，老师很高兴，希望你在其他方面也能像学习上一样取得进步。""好，进步大，勇往直前，力争上游！"当学生从这些评语中得悉老师对自己的殷切期望后，无形中就会增添自信。

四、启发型

由于学生审题不严，解题时往往思路不清，有时弯路走得太多。对此教师既不能对错题打"×"，也不能一改了之。而应分析其错，加适当批语，启发学生自己找错并改正，以培养学生发现问题和解决问题的能力。如写下评语"再审题意，寻找捷径"、"挖掘隐含条件，寻找简捷方法"，学生看到评语后，往往能开启心灵，驰骋想象。

五、提示型

有些学生作业中出现题目遗漏、粗心大意或书写潦草等问题，教师应及时予以提示，可以在作业评语中直白地告诉学生："某某，答案条理清楚些。""某某，细心些。"这种提示如春雨润物，有助于学生向着好的方向发展。

一位老师班上有位学生，学习不错，只可惜字写得太差，每次改他的作业都要耗费一些时间。于是，这位老师在这个学生的作业中写道："鲜花配上绿叶，才会更秀丽迷人，你有花了，可惜叶子不碧翠，培植好你的叶子——你的字。"从此，这位学生坚持每天练字半小时，一年后，他竟在学校书法比赛中荣获三等奖。

当然，要发挥作业批语的最佳效果，还应注意以下四个方面：

1. 批语应精练恳切

那种面面俱到、语言繁杂的批语内容虽多，却往往不会引起学生的重视。因此，教师应抓住学生最值得表扬或应引起注意的问题去批示，每次批语一般只谈一两个问题，可以指出学生本次作业的书写、答题情况，也可说学生近期的表现，如纪律、动脑方面。

2. 批语应准确

做批语前，教师应考虑好谈些什么，用哪些恰当的词、句，需做到心中有数。这样，写出的批语才能抓住实质性的问题，增强点拨指导作用，让学生看了能从心底说出"确实在理"。反之，笼而统之地说一些不痛不痒的空话，也就引不起他们的重视。

3. 批语应注意学生的个性

教师下批语应根据学生的实际对症下药。对性格开朗、经受得住挫折的学生，批语就可直截了当些；对文静、感情脆弱者，批语就需婉转些，切忌千人一面。

4. 批语应充满情感

只有学生感受到教师的所为是关心他时，批语才使学生容易接受。

老师应从爱护学生、有利于他们接受的角度出发，使批语充满感情色彩。宜多用"能否"、"你认为"之类商讨性的语句，而不能用挖苦、讽刺、打击性的粗话。尤其是指出学生的缺点时，更应尊重学生的人格，保护其自尊。

总之，教师对学生的作业不能只写一个"好"、"阅"等字完事，而应该通过作业评语这一特殊的交流平台，与学生促膝谈心、真诚交流，共享教与学的乐趣。一句简单的作业评语可以改写学生的一生。教师们，请不要吝惜笔墨，使小小作业本成为师生之间促进学业和交流情感的一个平台，让学生在你关切的"话语"中阔步前行。

第七章　多种沟通方式并用

第三节　纸条

　　纸条沟通是对学生进行教育的一种重要而有效的方式。现在的学生，思考问题的角度比较复杂，他们更愿意把自己锁在一个小小的角落里，不让别人窥视到他的内心。有的学生性格内向、不善表达，难以和老师进行面对面的交流。学生的内心世界到底是什么样的？他最近有哪些不正常的想法？他和哪些人有超乎友情的交往？他为什么和其他同学合不来？学生与学生之间的关系到底是亲密还是冷漠？

　　这些你都无法仅从班级训话、个别谈话中得到明确的答案。这时候，老师或许就可以采取写纸条的方式来和学生沟通，从纸条上窥探学生们的心思，也让学生从你的笔端里读出你对他们的关爱、呵护。比如，当遇到学生犯错时，你不妨采用写纸条的方式："请到我的办公室来一趟，我有事找。"短短一张纸条，避免了当众被叫出去的难堪，也给了学生一个悄然悔过的机会。有一些性格内向不愿意参加各种活动的学生，你可以在他的作业本里写下你对他的看法，并鼓励他充分发挥自己的聪明才智，多多参加一些有益的活动，提高自己的文学或艺术修养。如果你发现某个特别喜欢看书的同学最近表现不尽如人意，就可以送一本他最喜欢的书，并在书里夹上一张小纸条："你最近有什么不开心的事影响了上课的积极性？说出来让老师帮帮你好吗？老师保证帮你保守秘密。"

　　这些亲切的留言，加上学生熟悉的笔迹，会让学生长久地细细品味，并感到老师就在自己身边，正时时刻刻地关心、爱护着自己。这样一来，学生就愿意和老师分享自己的小秘密，并会同样地通过纸条，向

（竖排左侧）优秀教师的批评艺术

（竖排顶部）优秀教师方略丛书　YOUXIU JIAOSHI FANGLUE CONGSHU

老师打开自己的心扉。

请看下面一则经典案例：

新学期刚刚开始，按照惯例，王黎辉重新给学生调了座位。课后，女生苏晴递给他一张纸条，上面写道："王黎辉老师，我不想跟伍克同桌，他上课总逗我说话。您能帮我调开吗？"

王黎辉心想，苏晴之所以这样做，一定是不想让其他同学知道这件事。经过反复斟酌，他决定也用苏晴的方法来答复她。王黎辉在纸条上写道："苏晴，老师知道你上课特别认真，也知道伍克有些坏习惯，正因为这样，我才想让你帮我管管他。咱们俩一块儿努力，好吗？"王黎辉把纸条悄悄地递给了苏晴，苏晴看完后，对王黎辉微微一笑，回到了座位上。

以后，伍克几次在课堂上想找苏晴说话，而苏晴不再像以前那样不耐烦地瞪着伍克，而是低声地提醒伍克注意听讲。时间一长，伍克还真的有了不小的进步。

王黎辉发现了纸条的妙处——它能令学生们大胆地说出心里话！于是，王黎辉便试着再次利用起来。在班会上，他对学生们说："如果你们有事情需要跟我协商，而我又恰恰没有时间，或者你们不便于直接对我说的，你们不妨给我写些纸条，或者直接递给我，或者夹在作业本中，总之，只要我能收到就可以。我是来条必复，绝不遗漏，如有遗漏，你们可以罚我去吻小青蛙！"

学生们笑了起来，在老师的鼓励下，学生们开始纷纷效仿。此后的每天，那些纸条都把王黎辉的手塞得满满的。

"老师，是您给我勇气和力量使我改正错误。我悄悄地告诉您我又玩了两次游戏……"

"老师，今天我的心情不好，课堂上让您难堪。我这次期中考试没考好，心情糟透了，您能原谅我吗？"

"老师，我觉得××和××坐不合适……"

"老师，今天我的作业没带来，您别批评我，好吗？"

……

虽然给学生们回复纸条挤占了王黎辉不少时间，可当他一张张地阅读，一条条地回味，听着那小小心灵的窃窃私语，细细地品味着孩子们的喜、怒、哀、乐，还有那没曾公开的秘密，心中真有一种说不出的激动：还有什么比赢得学生的信任更珍贵的呢？

后来，为了扩大战果，王黎辉又想出了一个计策：他在教室里悬挂很多彩带，每根彩带上悬挂很多"心"形果实，每个果实里面都有一张纸条，纸条上写着"怎么办"的内容。"如被同学误会了，怎么办？""家长做错事，我指出来，他不但不改正，还骂我怎么办？"……

学生们可以随意摘取"心"形果实，解答问题。谁解答得有道理，谁就可以得到一份"友情贺卡"。这种办法实施后，问问题的同学多起来了，大家都养成了积极思考的好习惯，班级内开始呈现出一派和谐、轻松的气氛。一下课，学生们便把王黎辉围在中间，无所不谈。

王黎辉的纸条留言拉近了与学生的心灵距离，消除了学生的疑惧心理。使学生敞开心扉，推心置腹地说出了心里话。学生毫无保留地释放心灵，与他建立起了超乎寻常的友谊。小小的纸条成为了师生之间的纽带，它架起了师生间交流的桥梁，成了师生之间推心置腹的工具。

青春是快乐的，但同时也充满了烦恼和压力。对于学生而言，他们心中藏着太多的问号，他们有既渴望心理支持又渴望保护隐私的心态。可他们却又存在着许多的顾虑：一怕别人知道内心的秘密，二怕学校老师追究，三怕遭到同学取笑，四怕学校或老师将信息反馈给家长。而传递纸条正符合学生的心意，它相对于直接交流、谈话，避免了学生面对老师的些许羞涩，以及难以张口的尴尬。有些事情确实难以启口，笔头交流就给学生提供了一个更好的私人空间。纸条相对于谈话来说更具隐秘性，能让学生保护自己的隐私。

纸条的形式是多种多样的，纸条上可以是对学生委婉的批评、善意的提醒，还可以是对学生改正错误的真诚鼓励和表扬，老师要根据不同的学生采取相应的形式。

一、话语尽量委婉，捕捉学生的闪光点

那些成绩较差、爱惹是生非、容易自暴自弃的学生，往往得不到老师的爱，而自尊心和好面子又令他们不得不与老师作对，所以，公开的示意对他们已经不起作用了。这时，如果你能够悄悄地递给他们一张小纸条，传递给他们一丁点的爱，轻轻拨动他们敏感的心弦，就能令他们鼓起前进的风帆。

小迪行为散漫，纪律性差，经常不交作业。有一次他上课走神，老师发现他正在翻阅自己的写生画册。下课后老师向小迪借看那本画册，他虽然递给了老师，但却显得十分不安。

第二天，老师写了一张纸条夹在画册里还给了小迪。纸条上写着这样一段话："你的画非常漂亮，相信你的作业也将会变得很漂亮。只要坚持，你一定能做得更好！"

小迪后来真的逐渐改正了不良的学习习惯，他开始按时地交作业了，上课的态度也大为好转。后来，老师发现，小迪竟然把那张小纸条做成了书签，一直随身夹在他心爱的画册里。

小小的纸条，没有指责，没有嘲讽，只有推心置腹，情真意切，它能使厌学的同学开始发奋，消极的同学有了朝气。小纸务之所以能给后进生奋发向上的动力，全在于它的私密性和含蓄性。

二、用格言、警句激励学生

颖颖是一名典型的中等生，表扬轮不上，批评摊不着，长期被忽视使她沉默寡言，常常一个人独处。为了改变她的内向，班主任老师悄悄地递给她一张纸条，上面写着："你是个可爱的女孩，听说你在原来的学校参加学校运动会，800 米跑到第二圈的时候，你不小心摔了一跤，同学们都估计你不会再跑了，你咬咬牙爬起来，坚持跑到底，结果夺得了第二名！而且，我还听说你会歌舞和单口相声。你本是个很棒的女孩子，为什么现在反而不如从前了呢？本周的班级晚会上，我希望能看到

你的才艺表演！要知道，不在沉默中暴发，就在沉默中死亡！"

小飞是一个喜欢旷课的学生，他的老师给他的纸条上写道："小飞，你告诉老师，'白了少年头，空悲切'是啥意思？"从这以后，逃学成性的小飞竟然变得开始努力克制起自己来了。

三、纸条的形式多样、不拘一格

纸条上不一定非得是千篇一律的文字，老师可以在上面画一个太阳，画一颗心，画一张笑脸，总之，只要学生能看得懂，能猜得出老师的意思，任何形式，均可以表现在纸条上。这些别出心裁的表现，可以极大地增加老师对学生的亲和力。在纸条这种隐秘的交流中，师生间的心与心将会越来越近，一些尴尬的事件总能在温馨和谐的气氛里解决。

第四节　网络

在我们的记忆中，2003 年的"非典"渐渐被淡忘，在那些不能相见的日子里，网络让我们每个人都认识到了它的重要性。在那两个月的时间里，人们通过网络传递情感，交流信息。很多学生在网络的世界中展现了平时被别人所忽略的才能，比如原本沉默寡言的孩子突然变得神采飞扬，口若悬河；平时习惯懒散的孩子，在网络活动中变得行为敏捷，井井有条。网络起到了其他任何手段都无法替代的作用，也让教师们认识到了网络巨大的教育力量。

当腼腆的学生有话想说又难以启齿的时候，当家长想及时了解孩子在校表现的时候，网络不是可以很好地弥补这些不足吗？网络可以拉近老师与学生之间的距离，使师生沟通起来更加方便、顺畅。网络上那心与心的交流既是师生感情融合的纽带，又是师生沟通的快捷之道，有着面对面交流所无法企及的优势！因此，我们要特别注意这种运用网络对学生进行教育的方式。

赵麟祥是天津市二十一中的一名优秀教师。一天上课时，赵麟祥老师下意识地扫了一下中间第三排左边的座位，还是空的。"到底怎么回事呢？"赵麟祥老师有些纳闷。已经连续 6 天了，那个叫余林的淘气鬼都没来上课。打电话到他家里，居然没人接，后来听学生们说余林的父母去上海出差了，他正好乐得逍遥自在。

按理说余林旷课已经不是什么新鲜事了，一个月总会有那么两三天。为此赵麟祥没少找他谈话，但他依旧我行我素，而这次更是过分。下课了，赵麟祥一边往外走一边想："他会去哪儿呢？"想起以前几次

旷课他都是跑去上网玩儿了，估计这次十有八九又奔网吧了。赵麟祥打开电脑，新注册了一个QQ号，搜寻到余林后便加为好友。"你好！我酷故我在！交个朋友好吗？""我酷故我在"是余林的网名。"你好。"余林象征性地回了一声，就不吭声了，看来他只把赵麟祥当做一般网友敷衍。赵麟祥却"缠"着他不放，问这问那，果然不出他所料：余林在一家网吧已经泡了好几天了，也不干什么，就是打游戏。经过半小时的死缠后，余林开始向赵麟祥吹嘘道："我已经打了12关了，很快就能打通了！"赵麟祥趁机敲出了一行字："你已经玩了几天几夜了，是不是不打算回学校了？""你怎么知道我还在上学？"余林连敲了三个问号。"我是猜的。"赵麟祥卖了个关子。

"哦，算你猜对了，学校真没劲，每天就是上课，下课，作业，考试。""可你就这样泡在网吧里？你父母知道了该多难过啊？还有你的老师，你都这么多天没去上课了，他们能不着急吗？""管他呢，我先玩个够。""玩归玩，学归学，无论如何你也不能不去上学啊。何况你学习成绩并不差，你计算机还学得那么好……""你在说什么？计算机？"这下余林有点怀疑了，他的计算机确实学得不错，可这个陌生人怎么会知道呢？"你到底是谁？你好像很了解我？"赵麟祥笑笑，在屏幕上打出了一行字："余林，我是你的老师赵麟祥。你该回来上课了！""啊？"余林打出一个表示惊讶的表情，"赵老师，你也喜欢上QQ聊天啊？""那当然了，老师也是年轻人，能不喜欢时尚吗？说说看，你除了游戏还喜欢什么？"

就这样，赵麟祥像普通网友一样与余林海阔天空地闲聊，慢慢地启发他要学会选择，要把握好"度"。虽然这个晚上没达到说服余林的目的，但余林并不反感和老师聊天。接下来的一天，赵麟祥向余林"请教"了不少问题，并借口自己有些忙，请他帮忙查找资料，下载知识，并说余林帮了自己大忙。接着，赵麟祥在班上向全班同学说了余林沉迷于网络游戏的事，发动有条件的同学与余林上网聊天，鼓励他，开导他，让他感受到集体的温暖。一周后，又是在网上。赵麟祥刚上线，

"我酷故我在"就发过来一条消息:"老师,我错了,我想回去继续上学,我很想念你和同学们。不过我有一个要求,请你不要把这件事告诉我的爸爸妈妈,好吗?""当然可以,老师和你约法三章。欢迎你回来!"重新回到学校的余林,再也没犯过旷课的毛病。

高二下学期,由于对游戏的酷爱,余林对程序设计产生了强烈的兴趣。于是他利用课余学习了程序设计,并运用于游戏中进行实践。很快,他就成了班里的电脑高手。余林已从单纯的游戏中跳了出来,发展了自己的特长,并找到了自己真正的兴趣。

他对赵麟祥表示,将来他也要去做一个游戏设计员,一定要开发一款好玩又益智的游戏出来。赵麟祥开玩笑道:"那老师也等着玩你的游戏了,看你有多酷!"余林不好意思地笑了,他想起了那段旷课泡网的日子。在学生眼里,上网、聊天、玩游戏都是很时尚的行为,那些一本正经的老师才没工夫顾这些呢!赵麟祥的成功,在于他能够巧妙地引导学生从游戏中解脱出来,不至于迷失得太远。

如果赵麟祥老师不是采取 QQ 聊天的方式,而是换用一种方式,比如打听到余林会在哪个网吧里,直接去把他"揪"回来,然后对他狠批上网的坏处,勒令余林"回头是岸",这样做会收到什么样的效果呢?上网成瘾的余林可能只会充耳不闻,今天你把他拉回来,一松手,他又扎进了网吧"忙"他的游戏去了。

有时候,面对这种"顽固不化"的学生,正面的、单纯的说教已经起不到良好的沟通作用了,这就需要教师转换思路,因势利导,以"学生喜欢的方式"去和他们交流,打开他们的心结。

赵麟祥正是深谙余林的心理,采用学生喜欢的 QQ 聊天方式一步步走近余林,以平等的身份与他交流,让他感受到老师的关心、同学的友善,直到余林自己回心转意。

网络是这个时代的宠儿。既然学生喜欢,教师为什么不好好地利用它进行沟通呢?目前,部分学校、教师已经充分利用网络,在教师与学生之间搭起了一座自由交流的平台。在互联网上,每个人以平等的身份

第七章　多种沟通方式并用

进入网络。学生比以往任何时候都更愿意敞开胸怀，这可以让教师能更加清晰真实地发现、了解学生的思想动态，更易于与学生沟通，进行平等的思想交流。那么，在这个虚拟的时空里，教师如何做，才能达到沟通、教育的预期效果呢？

一、教师应熟知网络知识

在学生普遍认可网络的今天，教师只有自身具备了网络知识和上网经验，才能不被学生视为老土，被学生引为知己，与学生有共同的话题，拥有与学生交流的最前沿的平台，老师的教育才有说服力。

一个从不知网络为何物的教师，特别是那些只知一味地说网络的弊端，反对学生上网的老师，不但起不到教育学生的作用，反而容易引起学生的叛逆心理，造成学生与老师敌对，降低了老师的威信。

二、借助网络纠正学生思想认识上的偏差

有时学生沉迷于网络，往往是由于现实中种种问题得不到解决，而到网络中寻求慰藉。因此，当教师通过网络与学生进行交流时，发现学生有什么异常行为时，应该积极进行科学、准确、有效的心理教育。通过说理和文字给予学生帮助和启发，解开学生的心结，使其内心梗阻的地方通畅起来，从而使学生树立起正确的世界观、人生观。

三、匿名交流

鉴于网络特殊的性质，教师如发现某个学生有不愿意与亲近的人诉说的毛病，不妨采用匿名的方式进行交流。

著名教育家黄宗英发现男生伟杰最近老魂不守舍，找他谈了几次话，也问不出个所以然来。这天，黄老师上网时发现伟杰正在网上，黄老师灵机一动，便注册了一个新的网名，伺机与伟杰聊了起来。果然，伟杰一见是陌生人，胆子立马放开了，开始诉说自己青春期的生理烦恼。而黄老师则装成一个长者，循循善诱地帮助他一一解答。次日，黄

老师再次上网时，伟杰立即打来一行字："我的问题基本得到了解决，谢谢你，希望我们能成为好友。"

四、教师要为学生保守秘密

当学生因上网产生一些不良的心理问题时，往往会涉及个人和其他人隐私，对于这些隐私问题和学生不愿公开的问题，教师绝不能泄露，即使对其他教师和学生家长，也不予以公开。如果泄露学生的秘密，不仅会失去学生的信任，特别是有些心理承受能力较差的学生，后果会更严重。

总之，电脑网络的发展给人们的观念和教育体制的改革带来了前所未有的冲击和影响。教师应该与学生共同进步，共同追赶上时代的脚步，积极应对电脑给学生成长所带来的影响，接受电脑网络的发展所产生的一系列价值观的变迁。这些都会让我们更好地与学生沟通、交流。

网络是现代人类沟通与交流的重要手段。它超越时空，足不出户便可快捷地传达心声。请走近网络，请让我们在这个时尚的平台上，与学生们实现零距离接触，从而取得好的批评教育效果。

第七章 多种沟通方式并用

第八章 建立良好的师生关系

　　《中国教育报》从5所学校随机抽取100名教师进行调查，问："您热爱学生吗?" 90%以上被试者回答"是"。然后向这100名教师所教的学生进行调查："你体会到老师对你的爱吗?" 回答"体会到"的仅占12%。这样的结果肯定出乎老师们的意料：为什么把满腔热血都洒给了学生，他们却不领情? 不可否认的是，现实生活中有许多老师虽然爱自己的学生，想与学生搞好师生关系，但却不知道如何向学生表达这份爱，如何去爱。良好的师生关系是教师对学生进行批评教育的基础。师生关系好，学生才会愿意接受老师的教诲，反之，批评教育的实施将受到严重阻碍。作为一名教师，应该如何正确处理师生间的关系，让学生感受到老师的爱，从而实现"传道、授业、解惑"的目标呢?

第一节　以学生为立足点

一、尊重学生，赏识学生

以学生为立足点，我们必须做到尊重学生、欣赏学生；反过来，尊重学生、欣赏学生也能赢得学生对教师的尊重和信任，为营造和谐的师生关系打下良好的基础，有利于交往的顺利进行。

人人都有自尊心，作为学生也不例外，尊重信任学生、保护学生的自尊心是教师与学生建立良好情感关系的关键。苏联教育家苏霍姆林斯基曾说："在影响学生内心世界时，不要挫伤他的心灵中最敏感的一个角落——自尊心。"所以教师必须尊重每一位学生，尤其是那些有过错的学生、有缺点的学生。对学生的尊重意味着不伤害学生的自尊心，不体罚学生，不辱骂学生，不嘲笑学生，不随意当众批评学生。

二、宽容育人，热情教诲

在班级日常事务管理中，教师与学生之间产生矛盾是很可能发生的现象，遇到这种情况，教师应该容人之短，不怀成见。老师的宽容是育人的前提，是妥善解决矛盾、融洽师生关系的基础。

其次，教师对学生应热情教诲。若采取"以牙还牙"的办法必然会激化矛盾，严重影响师生关系，同时也损害了教师自身的形象。

现在不少家长对孩子爱护有加，对缺点却视而不见，更有甚者，孩子的缺点在他们的眼里竟变成了优点，以至于多数孩子从小到大只能听表扬，听不得批评。于是，当这些孩子犯了错误受到老师批评时，不会

从自身去找原因，反而一味地怨恨老师，认为老师对自己存有偏见，觉得自己受了天大的委屈，甚至对老师产生了强烈的抵触情绪，会出现一些十分幼稚的孩子气举动。这时，老师若是为了树立权威，不以学生为立足点，因为学生的一点过错就与学生"硬碰硬"，则会激起学生进一步的逆反行为，即使筋疲力尽，也不会有好的效果。

当然，以学生为立足点，并不是说学生犯了错误我们就不管不问，置之不理，关键在于，我们要善于批评，善于惩罚，既使学生认识到自己的错误，又能够唤起他改正错误的决心，激发学生上进的动力，做到批评有度，动力有"源"。

教师在对学生进行教育时，有以下几点可作参考。

1. 优点打头阵

我们看电视时经常可以看到这样的镜头，老虎等凶猛的动物在进攻前首先是身体向后撤退，为什么撤退呢？是为了更好地向前进攻。我们批评学生缺点的时候不妨先表扬他的优点，此谓之"先扬后抑"。每一个学生都有自己的优点，作为教师应该善于捕捉每一个学生身上的闪光点，虽然可能只是一个小小的闪光点，但很有可能通过这个小小的闪光点就可以挖掘出埋藏在他心里的大金矿。苏联著名教育家马卡连科曾经有这样一句话："用放大镜看学生的优点，用缩小镜看学生的缺点。"

有这样一个案例：

班上有个男生叫小杰，性格比较叛逆，具体表现可以用一句话来总结概括：老师说什么他都反对。但是这个学生有一个爱好，那就是爱踢足球，口才和反应能力都很不错，出黑板报也是个人才。有一次班级与兄弟班踢足球，结果他们班以3：2胜了，其中有两个球是他进的，老师当时立即把握住这个大好时机，当晚就找他出来谈话，首先赞扬他今天在足球场上表现如何积极英勇，关键时刻连进两球，力挽狂澜，为班级的胜利奠下了坚实的基础，获得了同学们一浪接一浪的掌声，之后又跟他聊荷兰足球的全攻全守、巴西的艺术足球。聊到足球时他特别来劲，聊完足球，老师发现他的脸上已经露出了春天般的微笑，之后老师又跟他回顾在主题班会上他如何舌战群雄，面不改色心不跳，然后大力表扬他出的黑板报是如何的别具一格。赞扬完后，老师发现他已经高兴得心花怒放，这个时候老师看准时机，话题突然一转："但是你有没有好好想过，你那么有才干，但班里却没有一个人选你当班干部，你有没有冷静地思考过这是为什么？"然后老师跟他——分析原因，开始的时候他还只是点点头，到了后来就变成自己主动表态。

过了一段时间，老师又跟他长谈了一次。慢慢地，老师发现这个学生在学习态度及与同学相处方面有了很大的改观，期中考试后他第一个跑到老师家里来问自己的成绩，问自己的成绩有没有进步。新学期开学，同学们选他做班干部，他不仅做得很出色，而且有一次考试还进入了全年级前 10 名。

2. 不要啰唆

现在的学生懂的道理都很多，可以说比以前的学生要"早熟"。有些道理学生已经懂得，这时教师就尽量不要翻来覆去，没完没了。尽管教师的想法是为了达到强化教育的目的，但心理学研究表明，重复啰唆会使学生的大脑皮层产生保护性的抑制。因此，经常出现的情况是：你越说，他越不听，一副漠然置之的神态，甚至心里会产生厌恶的感觉。

3. 不要揭短

教师对学生犯的错误要"就事论事"，不要"新账老账一起算"。学生最反感的是"揭疮疤"式的教育。尽量不要把学生所犯的错误在班上大肆宣扬，这样最容易使学生产生"破罐破摔"的不健康心态，当学生的自尊心受到挫折时，教育就无能为力了。

4. 不要"提审"

有的教师喜欢用审问式的口气去"训"学生，甚至在某些情况下搞体罚或变相体罚，其结果是学生只是口头上认错，而内心里非常反感。此外，应该顾及学生的自尊心，尽量不要在办公室里使用严厉的口吻，大声训斥犯错误的学生，这样只会适得其反。

5. 自我批评

人非圣贤，孰能无过。批评是相互进行的，教师有时也会犯错误，对来自学生的批评，教师应该有宽广博大的胸怀，要认真接受学生合理的批评，采纳学生的意见和建议。如果教师真的错了，就应该公开地向学生说一声"对不起"，然后逐步改正自己的错误和不足，使自己成为学生的表率和榜样。

如此，一方面教师通过合理的批评，使得学生认识到了自己的错误并及时加以纠正，这样学生便有了进步，而且他们会在心底感激你；另一方面，教师也通过自我批评的方式，让学生认识到：原来老师也会犯错误，而且能自我改正。

第二节　积极给予关爱

鲁迅先生有句话："教育是植根于爱的。"爱是教育的源泉，教师有了爱，才会用伯乐的眼光去发现学生的闪光点，对自己的教育对象充满信心和爱心，才会有追求卓越的精神和创新的精神，"桃李满天下"就是我们教师最大的骄傲。

教师在工作中的情感与教师的素养有关，其实就是教师的素质问题，以及教师对这个行业的敬业程度。尊师爱生是师生在情感交流中进行，在情感交融中形成的。教师高尚的道德情感是引导学生奋发向上，探索科学的巨大动力，教师在教学中培养学生优良品质的核心是爱生，这是教师不可缺少的品质。

曾经有个学生上课不听讲，经常和一些学生打架，成绩又差，每次的作业不能按时完成，同学们不和他交往，家长也对他无计可施，已有放弃对他的教育想法。有一次上课，老师无意向他提了一个问题，他居然能回答正确，而且很有独创性，老师恍然大悟，作为一名教师，没有理由就这样放弃一个幼小年龄的孩子，应该开导他、教育他、关心他，让他对学习产生兴趣，致使他以后成为有用的人。于是，老师和这名学生进行了多次交流，从中了解到孩子之所以这么叛逆，多半原因来自父母，孩子做错事，家长总是开口就骂，这对孩子造成了心理阴影。其实，学生不但需要教师的关心，更需要家长的呵护，不管是成绩好的，还是成绩不怎么好的学生，都应该给予一定的表扬。当老师把这些想法说给孩子家长，孩子的父母也很愧疚，决心要改变自己对孩子的态度。而老师乐意改善对他的态度，于是开始经常给他补课，在班上几次表扬

他，组织班上的同学帮助他，把儿童成长时期应得到的情和爱都送给他。经过一学期的努力教育，这名学生变了，成绩不断提高，"六·一"节还被评为优秀少先队员。

教师不仅要做到"传道、授业"，更要做到能够"解惑"，做学生的知心伙伴。除倾诉以外，教师不妨把排解不良情绪的方法告诉学生，让学生在生活中身体力行。

（1）高歌释放。音乐对治疗心理疾病具有特殊的作用，而音乐疗法主要是通过听不同的乐曲把人们从不同的病理情绪中解脱出来。

（2）以静制动。当人的心情不好、产生不良情绪体验时，内心都十分激动、烦躁，坐立不安，此时，可默默地侍花弄草，观赏鸟语花香，或挥毫书画，垂钓河边，这种看似与排除不良情绪无关的行为恰是一种以静制动的独特的宣泄方式，以清静雅致的态度平息心头怒气，从而排除沉重的压抑感。

（3）痛哭。哭是人类的一种本能，是人的不愉快情绪的直接外在流露。现实生活中除了过度激动外，哭泣总是由不愉快引起的。因此从医学角度讲，短时间内的痛哭是释放不良情绪的最好方法，是心理保健的有效措施。因为人在激动时流出的眼泪会产生高浓度的蛋白质，它可以减轻乃至消除人的压抑情绪。

（4）日记治疗。在遇到伤心的事情，又不便与同学教师倾诉的时候，可以以写日记、写信的方式来发泄自己的压抑情绪。

生活中有好多学生有这样的苦闷："早知上了中学这么累，我情愿永远呆在小学里"，"考试考得都麻木了，感觉成绩无所谓"，"情愿每天都放假"……适当的压力能激发人的创造潜能，但过度的压力使得学生的厌学情绪、抵抗情绪日益高涨。应试教育是学生学业压力过大的最主要原因。中学生心理问题的出现则与他们特定的年龄阶段有关。中学生的生理发展极为迅速，与此相比，心理素质则显得相对滞后。生理上的成熟，加之升入高一级学校后，使他们总是觉自己已经是"小大人"了，不需要任何约束了。作为教师，要观察学生的不良情绪，并且善于排解他们的不良情绪。

一名优秀教师必须具有慈母之心、严父之心和益友之心，三心向人，缺一不可。慈母之爱需爱得得体，严父之严需严得适度，益友之心需知是非。师爱要同于父母之爱、朋友之爱和兄弟姐妹之爱，还要在施教中向学生作出无私的奉献，需用炽热的情感去温暖学生的心灵，启迪学生的智慧，激励他们去追求自己的真理。陶行知先生说过："不要你金，不要你银，只要你心。"后进生更需要"爱"的滋润，做教帅的要了解他们，走进他们的心灵世界。

第八章 建立良好的师生关系

第三节　信任是交往的关键

　　人本主义学家马斯洛认为，人的需要从低到高可以分为7个层次：生理的需求、安全的需求、归属与爱的需求、尊重的需求、认知需要、审美需要和自我实现的需求。对学生而言，信任是其高层次的需求。教师对学生充满信任或委以重任，其实是对学生高层次需要的满足，即被尊重的满足和自我实现的满足。

　　在美国的一所公立小学里，学生们很顽皮，经常把图书馆的门踢破，校方将木门换成了铁门，可仍旧无济于事，过不了多久，铁门还是被踢破，为此校方很头疼。后来，学校来了个新校长，他得悉后，下令将破铁门换成了崭新的玻璃门，大家都很费解，认为这个校长脑子糊涂了。可奇怪的是，玻璃门再也没有被踢破，甚至学生们进出图书馆时，都小心翼翼，仔细地爱护这道门。有人去问新校长原因，校长笑笑，说装铁门，就意味着对学生们说："看你们还能不能踢破？"充满了挑战的味道，而装玻璃门，则意味着信任学生，相信他们一定会爱护这道门的。将信任放在他们的面前，如果你是那些孩子，你还会不会踢？播种信任，才能收获信任！

　　这个故事向我们展示了信任的力量。教师对学生的信任，往往会激发学生强烈的责任感和向上力，从而促使学生积极主动地趋同教师所希冀的道德标准。在教育过程中，信任是双向的。教师只有信任学生，才能与学生心灵交融。反之，就容易使学生产生对抗情绪，导致"铁门"被踢破。

　　信任是对学生人格的尊重，信任是对学生能力的认可，信任是一种教育的民主。教师的信任，是一份尊重、一种责任，更是一份温馨、一份幸福、一股能够浸润学生心灵的暖流。信任可以促使误入歧途的人重新去发现自身的价值，然后幡然悔悟，弃旧图新，痛改前非。在学生纯真的心田里播种信任，必将生长出充满生机的无限葱绿。

在这里，我们要特别强调一下教师对后进生的信任问题。教师要特别注意与后进生沟通感情，增进了解，以换取信任。这样，他们才会消除与教师之间的心理隔阂，容易产生感情上的共鸣。

这里，我们不妨把这些学习有困难的学生称为"后进生"。当今社会，多数人会戴着有色眼镜来看学习成绩差的学生，认为他们就是差生，甚至贴上了"无能"的标签。其实这对他们是不公平的，学习成绩差只是他们在接受教育的一个方面的表现，但其他方面并不一定差。况且，他们不是为了分数而生存，而应该是通过学习为他们更好地生存服务。有的学生虽然文化课学得不好，但可能在音乐、体育等其他方有特殊的才能。

在教育的过程中，如何能让后进生感受到教师对他的信任呢？

一、善于发掘学生品行中的闪光点

心理学理论告诉我们：在日常生活中，无论儿童或是成人，都曾遇到过各种性质的刺激或产生各种需求。如果某种刺激是人们所喜好的并且能够满足人们的需求，它就可以增加行为的出现率。这种刺激被称为正强化物。而我们运用正强化物来加强某一种受欢迎的行为倾向，就是正强化法。古人云"述人十过不如奖之一功"正是这一理论的体现。每个学生都希望得到奖励或鼓励，而中差生尤其有这种愿望。所以在日常工作中，教师应该努力发掘学生品行中的闪光点，及时肯定并予以鼓励，不断强化他们的正确行为，使之逐渐摆脱过去的不良行为。

二、了解后进生，因材施教

作为教师，我们要了解后进生学习困难的原因，以便做到对症下药

和因材施教。

1. 对待暂时性困难的学生

这类学生的能力及个性特征正常，其学习成绩差主要是非智力因素造成的。比如迷恋课外的活动、家庭因素的影响、同学之间的矛盾、心态的不良波动等使他们在学习上暂时出现了倒退，但经过努力能赶上全班同学。这就要求教师及时帮助他们，若错过了时机，会使他们在学习上的"欠账"越来越多，成绩越落越后，造成学习困难不断加重。

2. 对待能力不足型的学生

这类学生各方面的能力相对较差，但意志力较强，学习勤。老师对他们的尊重要发自内心，使差生从教师的目光、表情、语言、举止中真正体会到尊重和关心。师生之间只有建立一种互相尊重、互相依赖的，亲密的，真挚的情感关系，教师热切的期望、成功的激励才能通过这条情感的纽带源源不断地输入他们心中，促使他们战胜自卑，增强信心，启动成功的"内驱力"。

三、多表扬、鼓励，少批评、贬抑

师长尤其是教师往往是后进生心目中的"权威"，如果教师对他们的评价是积极肯定的，他们的自我意识、自我形象一般就要好一些，从而使其取得成功的自信也相对就要强一些。相反，如果所获得的评价多是消极、否定的，那么，教师就要多表扬、鼓励，多肯定他们所取得的成绩。尤其要善于发现后进生的"闪光点"，充分肯定他们取得的点滴进步，以点燃其心中的奋斗之火，使这些后进生感到"我还行"，"我还有希望"。当然，有时对后进生进行适当的批评也是可以和必要的，但千万不要用贬抑、否定的话语，更不可责骂他们是"傻瓜"、"笨蛋"、"不可救药"。

从整体上来说，人都是有感情的，后进生也有丰富的感情世界。由于后进生常常受到冷眼，所以外表总是给人冷漠的感觉，有时甚至有些不近情理。因此，要转化他们，必须大力进行感情投资。转化后进生，是一项艰巨的任务，更是一项责任，教师必须有打持久战和反复战的心理准备。在一步一个脚印的转化工作中，首先我们应该恪守一种"没有永远的差生，只有暂时的差异"的教育信条。其次应该转变态度，要真心地尊重他们，平等地对待他们，使其摆脱自卑感，增强成功的信念。

有关事实证明：师生之间建立深厚的感情、亲密的关系，是转化工作的一个必要条件。学生对教师有感情，才会听取其教诲。否则，教师苦口婆心的教育只会是徒劳。因此在这种情况下，再对他们及时进行引导，会产生理想的教育效果；再者要帮助差生充分认识自身的价值和潜力，树立信心；最后应该做到因材施教，不同的学生采取不同的方法。

第八章　建立良好的师生关系

第四节　和学生成为朋友

　　每个教师都期盼能和自己的学生打成一片，但许多学生却始终自觉或不自觉地对教师关起情感的大门。显然，教师如果不能了解、不能贴近学生的内心世界，就会增加施教的难度，所以必须努力开启学生心灵的大门。要想做到这一点，必须要和学生多沟通、交流，懂得倾听学生的声音，平等对待每一位学生。教育者不能高高地凌驾于学生之上，要放下"架子"，摆正位置，从心底产生与学生交友的愿望，而不能带有丝毫勉强，正所谓"良师诤友"。只有这样，教师才能真正了解学生的所想、所愁、所疑、所盼，才能真正把握班级和学生的实际情况，才能有针对性地不断调整自己的教育工作，取得良好的教育效果。

一、倾听学生的心声

　　多倾听学生的心声，是了解学生内心世界的一个重要途径，也是给学生以自我表现的机会。教师通常在讲台上滔滔不绝地讲个不停，即使师生个别交流时也总是说得多，而不能与学生朋友般地交换彼此的看法和意见，使双方明晓共同点和差异性，求同存异，相互理解。加强沟通，就是要与学生建立亲密的关系，相互信任。加强沟通，就是要走进学生的心灵，了解学生的所思所想，所爱所恨，不要用成人的道德标准去要求学生，限制学生，禁锢学生。多与学生交流，了解他们内心的真实想法，坦诚地交换意见，学生能真实地感觉到教师是在关心自己的成长，教育的效果也就相当好。从教育和影响学生的角度来说，教师的德、才、识、能都很重要，均应全面发展，但起灵魂作用的是一个关键的"情"字，它正是一个爱的综合体。面对学生时，一定要有充足的耐心，只有始终脸上充满阳光，心中都是学生，满怀激情地去爱我们的学生，从他们成长的角度出发，尊重他们的人格和个性品质，信任和赏识他们，才能真正地走进学生的心灵，获得学生的信任和支持。老师的爱可以感染学生，让学生也爱自己的老师，而这种感情一旦形成良性循环，学生的人格品质就会不断地上升，一个和谐的、积极的、充满活力的氛围就会形成。

二、平等对待每一位学生

教师应该确立平等观念，做一个公正严明的班级工作的领导者。在同一班级的学生中，可能客观存在着一些明显的差异，比如家庭经济条件的好与坏、学习成绩的优与劣等。但是，这些差异应是教师有针对性地进行思想教育工作的出发点和立足点，而不该是教师对学生采取不同标准的依据。作为教师，如果对经济条件不一样、家庭社会背景不一样、学习成绩不一样的学生，给予不平等的待遇，势必极大地伤害一些学生的自尊心和自信心，同时也降低了教师在学生心目中的威信。

对此，教师应该向学生说明：在我心目中，每一个同学都一样，不管你的家长是谁，你的成绩如何，都同样是我的学生，大家都会受到平等的待遇。总之，如果教师不是公正的天平，就势必造成某些同学对教师不满意，使得师生关系变得紧张。

三、掌握与学生谈话的艺术

在班级管理中，学生总是存在各种各样的问题，而教师找学生谈话，仍然是新时期解决学生各种问题行之有效的方法。

作为教师，若能多一点关怀，多一份理解，多一些引导，及时地找他们谈心，就能温暖一个人的心，甚至在他人生道路上留下一块闪光的里程碑。但是，同样是谈话，却会出现不同的谈话结果。有的学生通过和教师的谈话，解开了思想疙瘩，焕发了青春热情；有的学生却因谈话

更加重了思想包袱，甚至产生"顶撞"现象。这说明，谈话不仅要有思想性和哲理性，而且还要掌握一定的技巧。

1. 有的放矢，精心准备

当教师确定谈话的对象后，就要去了解对方。不知道学生犯错误的原因和心理活动，谈话就没有针对性，甚至会越谈越远，不但没有解决问题，反而会增加新的矛盾。只有对交谈的对象有一个整体的了解，才能把握住谈话的主动权，达到谈话目的。一般要先了解学生的思想症结所在，接着，要研究对方的性格特征，做到因人而异，对症下药。谈话还要注意选择时机，谈早了条件不成熟，谈晚了时过境迁。一些有经验的老教师认为谈话的最佳时机是：问题未形成，矛盾初露时；初次犯错误，产生悔恨时；个人有困难，需要帮助时；火头已过，心平气和时；思想疙瘩解不开，易产生过激行为时。当然，以上仅是一般谈话需掌握的时机，碰到学生受到重大挫折时，谈话宜早不宜迟。

2. 专心倾听，适时提问

谈话的学生一般都会先将情况向教师诉说。这时，教师应是学生最忠实的倾听者。在听学生说话时，绝不能心不在焉，东张西望，或看看手腕上的表，或用手指在桌上漫不经心地敲打；而要全神贯注，身体稍稍偏向于说话人，这会使学生感到老师对他的尊重和关心，愿意将心里话告诉老师。有的学生是急性子，即使有伤害教师的言词，也要耐心地听完，然后再说明自己的看法。有的学生是慢性子，半天说不到正事，也不能着急发火，应点拨引导，适时地追问和插话，引导他尽快表述正题。在听对方倾诉时，教师不要急于下结论，若刚听一两句话就感情冲动，轻率下结论，往往容易搞错。俗话说："兼听则明，偏听则暗。"教师需要冷静与理智的态度，在听的过程中进行分析判断，抓住真实的、本质的。在谈话的语言技巧上，教师还要注意自己的语言要清晰明确，通俗质朴，简洁精当。若说话词不达意、吞吞吐吐、模棱两可，会使学生失去对你的信任感，增加谈话的难度。

3. 动之以情，晓之以理

唐代诗人白居易云："动人心者莫先乎情。"唯有炽热的感情、真挚的语言，才能使被谈话者感到可亲可近。切忌在谈话时，表露出不耐烦的神情。老师皱一皱眉头，学生有时都会敏感地产生一种被轻视的感觉，从而引起对立情绪。因此，教师在谈话时要有一点"人情味"，这样容易很快和学生沟通感情。

　　晓之以理，就是摆事实，讲道理。有一位老教师找一位吸烟的学生谈话时，不是仅仅用校规警告他，而是首先谈了自己如何为烟瘾所害，现在得了气管炎，经常咳得厉害，同时，也给他算了一笔经济账，还请学生从现在开始监督他，自己也开始戒烟。那次谈话之后，这位学生再也没吸烟，这位老主任也戒除了吸烟的习惯。这次谈话之所以成功，一是采用摆事实、讲道理的方法，二是现身说法，以身作则，方能奏效。

　　学校教育，是有目的、有计划、有组织的培养人的工作。教师和学生的交流是随着师生的接触而开始的，它贯穿于整个教育活动的始终。可以说，师生交流的成败，直接决定着学校教育的成败。学生的健全发展受到众多因素的影响，学生不只是生活在学校这个单一的空间，他们还有自己的家庭生活和社会生活。教师只有走近与了解学生的生活，才能有比较成功的交流、互动。在当今这个信息时代，不少学生在信息技术方面的知识和能力往往超过了很多教师。在教师处于劣势的问题上，我们应该事先作好相应的知识和能力准备，为求为与学生的对称性交流奠定基础。例如，网络交流是可供利用的交流途径。如果教师希望能够从网络通道与学生交流，就应该了解一些基本的网络语言和表意符号，等等。

第八章　建立良好的师生关系

第五节　赏识所有学生

　　当代教育工作者周弘、魏书生、孙维刚、杨瑞清等，是赏识教育的富有成效的实践者和倡导者。周弘先生的女儿周婷婷，1980 年出生，一岁多时因用药失误造成双耳失聪，周弘运用赏识激励的教育方法，创造了聋哑儿童教育的奇迹——周婷婷 4 岁半开始说话；6 岁能认汉字约 2000 个；10 岁出版了 6 万字的科幻童话；11 岁荣获"全国十佳少先队员"称号；她先后 3 次跳级，仅用 9 年便学完了中小学 12 年的全部课程；16 岁成为中国第一位聋人少年大学生；17 岁被评为全国自强模范；21 岁，被美国最好的聋人大学加劳德特大学录取；2002 年，荣膺首届海内外中国妇女十大人物；24 岁获得硕士学位后，被美国波士顿大学和哥伦比亚大学录取为博士生，她选择波士顿大学的特殊教育系主任担任她的博士生导师。周弘曾请专家给女儿测过几次智商，都处于正常人的范围，丝毫没有"天才"、"神童"的迹象，但他就是通过一次次坚持不懈的鼓励、赏识，激励女儿不断努力进取，达到了常人难以达到，甚至都不敢想象的人生境界。周婷婷的超常成长，是赏识教育的成功范例。

　　近些年，赏识教育和多元智能理论在我国教育界引起了强烈反响、高度重视和积极效应，许多教师和家长把赏识教育和多元智能理论作为最为重要的教育思想方法去积极实践，取得了良好的教育教学效果。

一、树立赏识所有学生的教育理念和新型的能力观、人才观、评价观

中国的传统教育，把学生的学业分数作为评价学生的主要标准，认为高分的学生就能力强、就是人才，使得许多极具发展潜力或独特才能的学生失去了展现自身才华和突出发展的机会。

我们应该明白，有些学生学习成绩差，这除了自己学习上兴趣不浓，努力不够，另外的原因可能是某些智能方面相对不够发达。而这部分学生，往往在智能的其他方面有突出的天赋，只是在唯分数的标准下，这些突出的天赋被抑制或埋没。如果这些学生在老师的赏识激励下，其潜在智能分别得以充分发掘和发展，他们中的很多人将会成为企业家、发明家、艺术家、歌唱家、外交家、教育家、作家、工程师、体育健将……成为社会的拔尖人才。钱钟书在报考清华大学时国文、英语得了满分，而数学却是零分，被破格录取，但数学的零分并没有影响他成为一代思想家和文学巨匠；陈景润在语言文字方面显得有些低能，但数学逻辑智能的长处使他成为世界著名的数学大师；武汉的弱智儿童舟舟连生活都不能自理，但音乐潜质的被发掘也使他成为一位知名的音乐指挥。

二、赏识学生的基本方法

"赏识"这个词，《现代汉语词典》给出的解释是：认识到别人的才能或作品的价值而予以重视、肯定或赞扬。这就告诉我们，每一个教育者都必须首先认识到学生的才能或优点，然后再予以重视、肯定和赞扬。也就是说赏识学生并非"拿到篮里就是菜"，胡乱指着学生的某一言或某一行大加赞扬、夸奖，而是针对学生的特点和行为进行赏识。赏识是一门学问、一门艺术，是教师的一门必修课。教师应通过不断钻研、深入学习、认真体会、不断积累，掌握赏识这一有效手段，并在适

当的时机、合适的场合发挥最大的作用。

第一，要善于观察分析学生的"闪光点"。要赏识学生，首先是要发现学生言行的闪光点和潜质特长。教师只有在教育教学活动中仔细留意观察学生，全方位深入学生之中，更多地"零距离"接触学生，更多地关爱学生，与学生互动互信成为朋友，才能更好地了解和认识学生的长处和潜质。

著名特级教师魏书生有一次谈到他的"赏识观"，颇为感慨。对于即将毕业的初三或高三的学生来说，其学习的紧张程度可想而知。可无论哪所学校，总有部分"后进"的学生让老师们头疼不已。由于不爱学习，他们多次受到老师的批评甚至讽刺、挖苦。魏书生认为，这些学生面对自己不感兴趣的学习内容，尤其在自己听不懂也听不进去的情况下，还能坚持每天背着书包上学并肯于坐在教室八九个小时甚至更长的时间，这本身就很了不起，说明他们身上有着坚韧不拔的毅力！而当他们面对老师的批评、挖苦甚至于情急之下的"拳脚"相待，过后还能真诚地问候"老师好"时，表现出的又是一种豁达宽广的胸怀品质！也正是由于魏书生善于从缺失处寻找学生的闪光点，因而使不同特点的学生都很喜欢并敬重他，进而愿意去努力进取。

第二，要真情赏识学生。一方面，教师的爱心是赏识教育的原动力。当学生感悟到这种师爱后，便会激发出积极向上的热情，从而达到良好的教育效果。正因为有爱，所以会有赏识的喜悦。正因为有赏识的喜悦，所以对教育、对学生更加充满爱的情感。"疼爱自己的孩子是本能，热爱别人的孩子是神圣！"教师倾注了爱，才会充满热情地从事教育工作，才会以宽容之心对待学生，正视学生身上存在的缺点不足；才会有追求使每个学生更好地发展的精神和行为。另一方面，教师的真情是赏识教育的润滑剂。苏霍姆林斯基认为，心理意义上的教育教学是人的心灵的最微妙的相互接触。在进行赏识教育的过程中，教师要善于发挥"情感效应"的作用。教师对学生的真挚深厚的情感，是开启学生智力和美好心灵的钥匙，是激发学生追求科学知识的动力，是赏识教育发挥效能的关键。

第三，准确有针对性地赏识。就是所赏识褒扬的学生的事情要准确，要恰到好处，要有针对性，不要滥用，不要过度，不要夸大和缩小。

来看一个案例：

有个叫琳的家长十分欣赏"赏识教育"的力量，可渐渐地感到有时难以奏效，甚至还使她感到难堪。那天，女儿正在埋头给她的爷爷画生日贺卡，最后在"祝爷爷生日快乐"的美术字上涂了不同的颜色。琳在经过女儿伏案作画的桌子时，大声称赞说："噢，这太漂亮了！爷爷一定会很喜欢！"没想到，女儿盯着妈妈看了一阵，又看看自己的作品，非常生气地说："妈，您说的是正话还是反话？我说这画一点儿也不漂亮！"说完，便使劲地将贺卡揉成一团扔掉了。琳为何会遇到如此尴尬呢？

原来，孩子本来就对自己所制作的生日贺卡不够满意，而妈妈言过其实地给予了很高的评价，她认为妈妈根本就没认真地看她的作品，而只是为了让她高兴才这样说的，于是产生逆反心理，当然就不愿意听到妈妈把它说成"这太漂亮了"。孩子不愿意接受琳的夸奖还缘于以前曾经有过的"教训"。因为，孩子将妈妈夸奖过的手工和图画在同伴面前展示时，她才知道自己的作品并非妈妈所说的那样"非常好"，妈妈对自己的夸奖大多经不住实践的检验。久而久之，她对妈妈的夸奖也就变得格外地麻木和不信任了。

在我们的教育教学中，也经常会碰到这样的事情，很费劲的学生一旦有了些许进步，老师们就会打心眼里高兴，总觉得这样的学生受一次表扬很不容易，免不了重重地夸奖一番，往往就忘了度的问题，容易夸大其实。表扬过了头，就容易使其飘飘然，觉得不费劲就可以得到充分褒扬，这样并不能激发学生以后进取的干劲。而"好学生"有了进步呢，老师就会认为好学生有了进步是应该的，所以褒扬就会轻描淡写，缩小夸奖的力度，这样就会使好学生觉得自己努力了也不过如此，以后

就会降低对自己的要求。所以，在对待学生的进步问题上，一定要做到准确地表扬学生，让他们清楚地知道自己为什么受到表扬，该受到什么样的表扬，以帮助他们持续不断的提高自己。

第四，及时恰当地赏识。学生在学习上、表现上有了进步，教师最好在当时当地给予表扬，使学生及时得到老师的赏识。如果时过境迁，脱离了当时的氛围，就会大打折扣，降低褒扬的作用。赏识教育是每个孩子成长中不可或缺的阳光、空气和水。作为教师，褒扬学生要不拘一格，因时因事而宜，充分展示出赏识的真正魅力。同时赏识要因人的性格而合适操作，例如，对胆小的学生要多肯定、鼓励，对调皮、好动的学生，既要适当赏识，又要多提奋进的新要求，克服不足之处。

第五，持久不断地赏识。这是指表扬肯定要持久。赏识从本质上说就是一种激励。有人曾研究发现，一个没有受过激励的人仅能发挥其能力的20%～30%，而当他受过激励后，其能力是激励前的3～4倍，因而在学习过程中，激励的存在至关重要，任何学生都需要不断的激励。另外，学生的优点或良好的学习表现、习惯的养成需要一个长期的过程，而学生在一次表扬中获得的激励十分有限，因此，教师表扬学生不能偶尔为之，而要不断发现，不断褒扬，不断激励。然而现在不少老师、家长总认为不能表扬多了，一表扬孩子就会翘尾巴。孩子翘尾巴其实是因为表扬太少。我们长期不表扬孩子，一表扬，孩子往往会翘尾巴。如果我们从方方面面经常据实表扬、赏识孩子，让他们觉得自己能行，他们才会增强信心，不断争取进步，也就不会翘尾巴。

第六，要学会引导学生发现自己的潜质与特长。发展学生的智能才干，重要的是学生本人要了解、认识自己的潜质和特长。而学生往往并不知道自己的潜质和特长所在，特别是成绩差、表现差的所谓"后进生"，由于长期不受重视，"屡试屡败"，总认为自己低能，样样不行。因此，教师在课内外的各种活动与情境中不但要善于发现学生的闪光之处，还要学会引导学生发现、认识自己的闪光点和潜质特长，使学生多一双发现自己长处的眼睛，使学生真切感悟"天生我材必有用"的哲理，树立坚定的自信心。

第七，让学生展示才华。苏霍姆林斯基提醒我们："请记住成功的欢乐是一种巨大的精神力量，它可以促进儿童好好学习的愿望。"学生通过各种平台和机会展示各自的才华，在老师和同学们的赏识下，在自我激励下扬长补短，促使他们的智能结构趋于优化，智能特长和进取精神得以突出发展，以后成为社会各行业出类拔萃的人才。教师必须在课内外多给学生创设展示各种才华的平台和机会。如学科竞赛、作文展、钢笔字比赛、中文英语朗诵比赛、某项设计（如学科小报）比赛、艺术节、科技节、体育活动比赛等，从中发掘、发展学生的各种潜质特长，让学生表现各自的才华才干，体验成功的喜悦与鼓舞。

总之，赏识学生，要把握好尺度，否则"宽松皆误"。青少年研究中心副主任孙云晓认为，在提倡表扬、奖励、赏识的同时，不要忽视批评和"惩罚"在教育中的积极作用。现在的大部分孩子为独生子女，唯我独尊，受不得半点委屈，耐受挫折的能力很低，光赏识不批评，将来走向社会，会遭受很多的不幸。所以，不应盲目地赏识孩子，也要让孩子在成长的过程中，懂得为自己的过失负责。教育本来就是多样性的，表扬与批评、奖励与惩罚、成功与挫折，什么都应该有，它们是辩证、统一的，不能把它们分割开来，缺少哪一个，都不是完整的教育。

第八章　建立良好的师生关系

第六节　平等对待学生

　　一名中国记者曾多次参加日本的家长会，在一次会议上，一个小男孩闯进来，指着老师问道："小崎（老师的小名），你把我们的球藏哪儿了?!"老师马上像"小哥们"一样答道："我没藏！是谁藏的找谁去！"家长都捂嘴乐，心里其实有一种安心感……

　　日本教师的做法有其借鉴的意义。韩愈曾经在《师说》中写道："师者，传业，授业，解惑也。"这是古代对教师的一种解读，也是对师生关系的一种阐释。但是，新时代对教师有了更高的要求，开始重新定位师生之间的关系，平等就是其中一点，也就是像例子中的日本教师那样，教师需要平等地对待自己的学生，也让学生平等地对待自己。

　　著名教育学家陶行知先生曾指出："民主的时代已经来到。民主是一种新的生活方式，我们对于民主的生活还不习惯。但春天已来，我们必须脱去棉衣，穿上春装。我们必须在民主的新生活中学习民主。"

一、平等关系的重要性

　　1. 建立学生平等的观念

　　一位西方的心理学家曾经说过："在充满敌意的环境中成长起来的孩子一定学会打架；在充满讽刺的环境中成长起来的孩子一定学会指责；在充满鼓励的环境中长成起来的孩子一定学会自信。"同样，在不平等的环境中成长起来的孩子一定学会不平等地对人。

　　学生的模仿性是非常强的，教师日常生活中的言行举止时时刻刻影响着学生，而且这种影响是潜移默化、润物无声的，另一方面，孩子的逆反心理也处于相当突出的阶段。教师要求学生怎么做，学生在一般情况下，虽然不会公开发表不满言辞，但在心里，在同学之间，他们会反问甚至斥责："你们老师又做得怎么样呢？"

所以，如果教师不能亲自为学生作出表率，学生是无法建立平等的观念的。在与学生的接触中，教师自己要履行平等，才有资格向学生谈起平等。

2. 增强学生的主体意识

教师要将学生看成一个独立的个体，体会他们的思想、情感和态度，尊重他们的个性、创造和选择。不看低学生，更不强迫学生。师生间的平等关系增强了学生的主体意识，引导他们成为有主见、态度积极的人。

同时，平等的关系培养了学生的创新精神和实践能力。当今的大多数师生关系都是管理与被管理的关系，学生接受的是"服从"教育，这严重制约了学生的创新精神和实践能力的培养，要改变这种状况，首先应从建立平等的师生关系开始，让学生敢于对教师的、书本上的结论提出质疑，敢于到实践中去寻求真理。

3. 与学生真正成为朋友

只有建立平等的师生关系，才能使教师真正成为学生的"良生益友"，才能真正做到"教学相长"。古来就有"亲其师，而乐其道"的观点。而且韩愈早就说过："弟子不必不如师，师不必贤于弟子，闻道有先后，术业有专攻，如是而已。"这些都说明教师须放下教师的架子，与学生平等相处，有时还需要虚心向学生学习，并且要让学生相信自己的智慧，敢于在教师面前展现自己的才华。

二、对每一个学生平等

前苏联的一位教育学家曾经说过："漂亮的孩子人人都爱，爱不漂

亮的孩子才是教师真正的爱。"

学生之间是存在个体差异的，而教师又存在自我的喜好。所以，我们经常会看到一些教师根据自我喜好，区别对待学生。一般，教师都喜欢学习好、长得漂亮、热情开朗、听老师话的学生，而对于没有拥有上述特点的学生，教师很可能就忽略他们，甚至排斥他们。

教师在对某一个学生进行判断、定性后，就很难在教学工作中做到平等。例如，没有按照教师的思路去解数学题，没有按照书本上的要求去进行实验等，一个"调皮鬼"这样做，教师认为是"故意捣乱"；而一个"好学生"这样做，教师认为是"有创造性"。对前者教师给予批评，对后者教师给予表扬。

教师在与他人的交往中，可以存在自我的喜好。但是在与学生的交往中，教师应尽量隐藏自我喜好，平等对待每一个学生。这是由于学生的心理还未定性，还在不断的发展中，教师的某一不平等对待势必会影响学生的心理。教师的长期不平等对待，很可能就会对学生未来的人生产生影响。

在教师对待学生不平等问题上，优等生与差等生之间的不平等是最常见的。

优等生因各方面表现都比较好，很容易受教师的青睐。而差等生由于以往在教师心目中的"不良记录"，在有成绩时不容易受到教师的关注，出现问题时又很容易吸引到教师的目光，所以差等生受到批评的情况要多些。

如果教师不能对学生一视同仁，那么，平等的师生关系也就很难建立起来，优等生在教师的宠爱下很容易滋长骄傲自满的情绪，甚至会目空一切，最终导致学习成绩下滑；差等生在教师的岐视下很容易产生自卑感，甚至会自暴自弃，学习成绩也就很难提高，良好的师生关系也就无法建立了。

对于差等生，教师可以给他一些激励性的评价。例如："其实你很聪明，只要多一些努力，你一定会学得很棒。""这个问题你说得很好，证明你是个爱动脑筋的学生，只要努力，你完全能学得好！""你的看法很独特！""你的分析很有道理！"诸如此类的评价，不但承认了学生的进步，而且强化了学生的进步，并使学生在心理上也感受到进步。

三、教师与学生之间的平等

1. 观念上实现平等

《简爱》里有一句话："虽然我很穷，长得也不漂亮，但是我们的精神是平等的，我们的灵魂都将经过坟墓站到上帝面前，在上帝面前我们是平等的！"

教师与学生虽然在身份、年龄、经验等方面存在着很大的差异，但是不代表教师与学生就是不平等的。以往的经验告诉我们，造成师生之间不平等问题的主要是教师一方，教师在双方关系中一般是主导地位，从观念上就没有意识到平等的重要性。

所以，要做到师生间的真正平等，首先就要教师实现观念上的平等。下面看一个例子。

一走进教室就看到楚明趴在桌子上，这已是我当众严厉批评他之后他第五次上课睡大觉了。我不由心生怒火，但为了上好这节课，我没有去"惹"他，因为我知道：即使我去推醒他，他也会像往常那样，只抬抬头又重新趴下。果然，这节课他又这样睡过去了。课后我把他找出来，想和他好好谈一谈。

"你上英语课为什么总睡觉？"我和蔼地问道。

"不想学英语！"哟，很冲啊！

"不想学英语？你能告诉我为什么吗？"

"不想告诉你！"头一偏，不屑一顾，挺刚烈的！

怎么这样跟老师讲话？我感到谈话实在难以进行下去了，强忍心头之火，说："你先回去上课吧！"回到办公室后，我冷静地思考起来：为什么这孩子对我有这么强烈的抵触情绪，甚至可以说是敌意呢？一定

要拨开云雾揭开谜底。

　　事后我了解到，楚明同学英语基础不错，兴趣较浓厚，但自尊心较强，很有个性。特别是我那次因为他作业没按时交而当众呵斥他之后，他就萎靡不振，并且他的同学告诉我，那天他没能按时完成作业是因为他病得厉害。哦！现在我明白了，不分青红皂白的一顿批评，原来是我不经意地伤害了他的自尊心。错在为师的，怎么办？采取回避的措施冷处理？好像行不通。他已是连续几天没听英语课了。向他诚恳地说明老师的过错，放下老师的架子吗？这不是让学生笑话吗？一连串的问题在我的脑海里闪现。我进行着激烈的思想斗争。

　　两天后，我又找到楚明同学，他还是那副不屑一顾的样子。

　　"这里有把椅子，坐下谈吧！"我轻言细语的说。

　　"……"不吱声，不领情，眼睛看着窗外。

　　"知道老师今天为什么找你吗？"

　　"还不是因为上课睡大觉！"眼睛依然看着窗外。

　　"不对，老师今天找你来是想真诚的对你说声'Sorry'！"我坦诚地看着他说。

　　他目光扫了过来，我分明注意到他眼里有种闪亮的东西，但片刻，他又恢复了原样，依然偏着头，眼睛看着窗外。

　　"真的，是老师错了！老师不该不问清楚情况就粗暴地当众批评你，而且你生病了，老师也应该关心你的！"

　　他转过头来，看着我，一副怀疑的样子。

　　"你已经掉了好几天的课了，好在你基础不错容易补起来。每天下午晚饭后到我办公室来，我帮你把落下的课补上，好吗？"

　　他没说话，只是点了点头，脸上带着羞涩的表情。

　　后来的几天他都准时来我办公室补课。由于他比较聪明，基础又不错，落下的课很快就补上了。从他的主动发问、微笑而自然的表情，我知道，他又找回了自信。我也知道，我诚恳的语言、真切的关怀，已消除了孩子心中的抵触情绪。从那以后，课堂上他积极主动，课后还经常

优秀教师的批评艺术

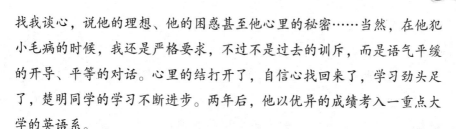

找我谈心，说他的理想、他的困惑甚至他心里的秘密……当然，在他犯小毛病的时候，我还是严格要求，不过不是过去的训斥，而是语气平缓的开导、平等的对话。心里的结打开了，自信心找回来了，学习劲头足了，楚明同学的学习不断进步。两年后，他以优异的成绩考入一重点大学的英语系。

他在给我的来信中说道："老师，是您的热情重新点燃了我学习的热情，是您帮我找回了自信……"

例子中的教师勇于向学生说对不起，在于他从观念上意识到自己和学生是平等的。

观念决定了一个人处理事情的方法。所以，教师要扭转一些错误的观念，才能正确处理事情，与学生建立良好关系。

这些正确的观念包括：

（1）在学生犯错误时，也要维护学生的自尊。

（2）凡事一定要查明，有根有据，才能对学生批评。

（3）自己自己也有犯错误的时候。

（4）多站在学生的立场上想问题。

（5）大多数的情况下，要相信学生。

……

2. 工作上实现平等

我们先来看看一位教师在她的工作中是如何做到师生平等的：

有一堂课的内容比较多，所以在下课铃响起时，我都还没讲完课，于是我不得不拖了几分钟的堂。

刚一下课，郭华同学就走过来说："老师，您拖堂了！"

我一愣，正想表示歉意，但脑子里突然转了个弯，说道："是的，我拖堂了。但是丁菲同学没有追究我。"

丁菲同学就是按《班规》分工专门负责监督我的一个女同学。当时，我是这样想的：不错，按《班规》上规定，我拖堂是应该受罚；

但是，追究我的应该是丁菲而不是郭华。郭华的认真和勇敢无疑是值得赞赏的，如果我听从了她的批评并接受惩罚，虽然也会让同学们感动，但这只能助长丁菲的"玩忽职守"——以后，她很可能会更加掉以轻心：我对李老师的监督严格不严格关系不大，反正有同学们帮我监督李老师。而其他学生对我的监督往往是偶然的。这样一来，会造成执"法"过程中的漏洞，而《班规》上所确定的对班主任的民主监督便极容易成为一纸空文！所以，我现在不想对郭华认错并受罚，因为我想给以后的教育埋下伏笔。

两周以后的一次班会上，我和学生定期对《班规》上的班务分工进行评议。学生对工作负责、执"法"严明的同学提出了表扬，对不太负责的同学也提出了批评，但在被批评的人中没有丁菲。

于是，我发言了："我认为，有一个玩忽职守的同学应该受到批评，她就是丁菲！"

我谈到了上次我拖堂的事："我当时的确拖堂了，丁菲同学为什么没有按《班规》罚我呢？可能是因为她胆小，不敢惩罚我；可能是因为她粗心，没有发现我犯这个错误；可能是因为她对李老师很信任，认为李老师严于律己，因而不会犯错误；也可能是因为她工作不负责任，即使知道我拖堂也懒得管；还可能是因为她想维护我的'威信'而袒护我……但不管是哪一种原因，我们都不应该原谅她！所以，我正是想以我的'不认错'给她一个教训，也给大家一个提醒，班主任是靠不住的，唯有民主监督才是最可靠的！"

没过多久，我上课又未按时下课。这次，丁菲同学毫不客气地走上来对我说："李老师，您拖堂3分钟！对不起，我将按《班规》罚你。"

例子中的李老师在师生关系的平等这点做得非常好，不仅制定了教师与学生都遵守的《班规》，还选派专门的同学来进行监督，在监督的同学维护老师的"违规"时，李老师能够以身作则，主动承认自身错误，也批评了丁菲同学的错误，深深地将平等的观念植入每一位同学的内心。

有的时候，教师已经在在观念上意识到自己的错误或者偏颇，但是碍于面子，却不能在自己的工作中贯彻平等。其实，承认自己某些方面的不足或错误，无伤于教师的尊严，反倒会让学生觉得教师真实可亲，同时了解平等的重要。相反，如果弃平等于脑后，一味祖护自己，只会让学生觉得教师对己对人两个标准，不再信任老师，更可怕的是不再信任平等。

3. 教师的角色定位

过去在与学生的关系中，教师常常以"控制者"和"发令者"的姿态出现。这种角色的定位在一定程度上巩固了教师的领导地位，对教学工作有一定的帮助。但是也显现了不少缺点，例如造成了与学生的疏离，抹杀了学生的多样化发展，导致学生的被动、消极态度产生，等等。

平等概念要求教师舍弃过去"控制者"与"发令者"的角色，重新对自我进行定位，并处理好多角色之间的相容或互换。

（1）导师。教师的角色应该是一名引导者。其中引导的内容包括带领学生学习，丰富学生的情感，健全学生的身心，促进学生的发展，排除学生的困扰。

引导不等于强制。学生对于很多领域是未知的，好似在黑暗中摸索前进，教师要在这时成为一盏明灯，告诉学生前方的路，给出一些建设性的意见。

（2）朋友。教师的角色是学生的朋友。教师需要用心去关爱每一个学生，理解他们，尊重他们，平等的与他们做朋友。

（3）榜样。同时，教师也是学生最好的榜样。学生平时主要接触三类人：家长、教师和同学。每一类角色都会对学生产生影响。所以，教师一定要在学生中树立好榜样，用自身人格的魅力感染学生，拉近与学生的距离，并激励学生成才。

由于教学关系是双向而不是单向的，那么就必须在教师与学生的关

系中强调平等的概念。如上文所说，教师首先要了解平等的作用，其次在对待学生与学生、学生与自己的交往中实践平等。这样自然会达到建立良好师生关系的目的。

同时，我们在强调平等的同时，也不能忘了维护教师在学生心目中的权威性。两者并没有本质上的冲突，差异只在于教师工作策略的不同。教师务必要把握好平等与权威之间的度。